원소와 주기율표

줄을 서시오!

사진출처

셔터스톡_ **22p** / 아톰(fluke samed)　**37p** / 멘델레예프(EreborMountain)

위키피디아_ **43p** / 멘델레예프 기념비(VKras)　**80p** / 울진 원자력 발전소(IAEA Imagebank)
103p / 라듐 걸스 관련 사진(Bruck & Sohn Kunstverlag Meißen), 라듐을 이용한 시계(Arma95)

줄을 서시오! 원소와 주기율표

ⓒ 최원석, 2021

1판 1쇄 발행 2021년 3월 15일 | **1판 3쇄 발행** 2022년 12월 30일

글 최원석 | **그림** 이창우 | **감수** 서울과학교사모임
펴낸이 권준구 | **펴낸곳** (주)지학사
본부장 황홍규 | **편집장** 윤소현 | **편집** 박보영 서동조 김승주
디자인 이혜리 | **마케팅** 송성만 손정빈 윤술옥 이혜인 | **제작** 김현정 이진형 강석준
등록 2010년 1월 29일(제313-2010-24호) | **주소** 서울시 마포구 신촌로6길 5
전화 02.330.5263 | **팩스** 02.3141.4488 | **이메일** arbolbooks@jihak.co.kr
ISBN 979-11-6204-098-0 74400
ISBN 979-11-85786-82-7 74400(세트)

잘못된 책은 구입하신 곳에서 바꿔 드립니다.

제조국 대한민국　**사용연령** 8세 이상
KC마크는 이 제품이 공통안전기준에 적합하였음을 의미합니다.

아르볼은 '나무'를 뜻하는 스페인어. 어린이들의 마음에 담긴 씨앗을 알찬 열매로 맺게 하는 나무가 되겠습니다.

홈페이지 www.jihak.co.kr/arb/book | **포스트** post.naver.com/arbolbooks

펴냄 글

 과학은 왜 어려울까?

- 생물, 지구과학, 물리, 화학 등 공부해야 할 범위가 넓다.
- 책이나 교과서를 볼 땐 이해할 것 같다가도 돌아서면 헷갈린다.
- 과학 현상이나 원리가 어려워서 이해가 안 된다.
- 과학 공부를 할 때 어려운 단어가 많이 나온다.

 과학 공부, 쉽게 하려면 통합교과 시리즈를 펼치자!

통합교과란?

- 서로 다른 교과를 주제나 활동 중심으로 엮은 새로운 개념의 교과
- 하나의 주제를 **개념·화학·인체·역사·환경** 등 다양한 영역에서 접근해 정보 전달 효과를 높임
- 문·이과 통합 교육 과정에 안성맞춤

이런 학생들에게 통합교과 시리즈를 추천합니다!

과학 교과를 처음 배우는 초등학교 **3학년**

과학이 지겹고 어렵게 느껴지는 **4학년**

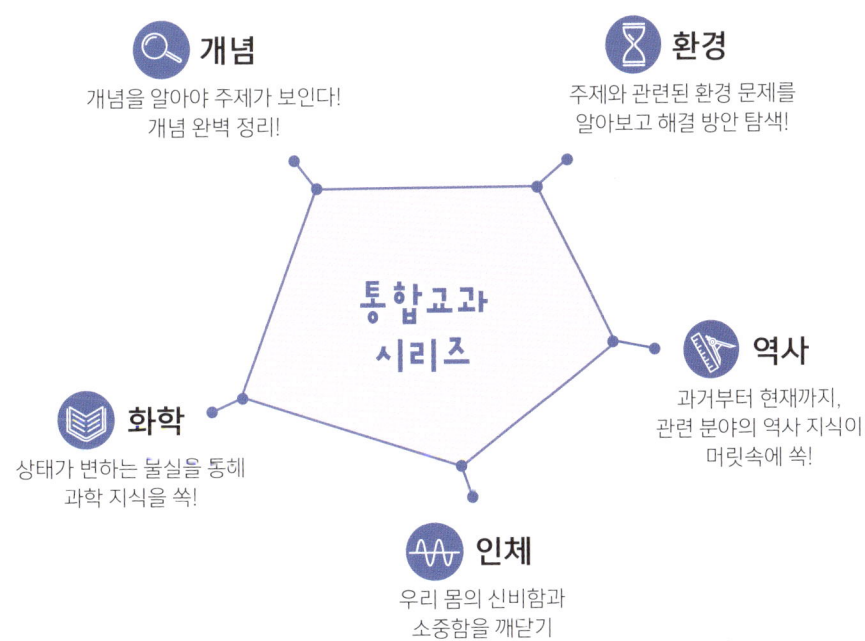

차례

1화
신들의 왕국 아토믹스 　개념 원자의 탄생 10

16　물질은 무엇으로 이루어져 있을까?　　18　원소는 어떻게 나타낼까?
20　물질은 어떻게 만들어질까?　　22　원자를 더 쪼갤 수 있을까, 없을까?
26　한 걸음 더　원자 속이 궁금해!

2화
원소로 이루어진 세상 　화학 주기율표의 등장 28

34　원자 번호는 어떻게 정해졌을까?　　36　주기율표의 탄생
38　주기율표 보는 법
42　한 걸음 더　원소의 예언자 멘델레예프

3화
별의 심장 　인체 우리 몸과 관련된 원소 44

50　별을 불타게 하는 연료 – 수소　　52　원소계의 귀족 – 헬륨
54　유기물의 뼈대 – 탄소　　56　숨 쉴 땐 내가 필요해! – 산소
58　뼈를 튼튼하게! – 칼슘　　59　과자는 내가 지킨다! – 질소
62　한 걸음 더　원소가 화합물이 되면 성질이 변할까?

4화

아이언맨의 탄생 역사 원소! 새로운 시대를 열다 64

- 70 청동기 시대의 구리
- 72 철기 시대의 철
- 74 화폐로 사용된 금과 은
- 76 소금 속의 금속과 독가스
- 78 세상을 정복한 황
- 80 원자력의 시대를 연 우라늄
- 84 한 걸음 더 끝나지 않는 비극 – 원전 사고

5화

첨단 기술의 비타민 환경 원소와 과학 기술, 그리고 환경 86

- 92 반도체를 만드는 규소
- 94 전기 자동차의 심장 리튬
- 96 우리가 꼭 필요해! – 희토류 금속
- 98 환경을 오염시키는 중금속
- 100 마법의 물질 플루오린
- 102 꿀잠 자기 무서워! – 라돈 침대
- 106 한 걸음 더 방사선? 방사능? 방사성 물질?!

- 108 워크북
- 118 정답 및 해설
- 120 찾아보기

등장인물

아토모스

신들의 왕국 아토믹스의 최고신이에요.
새로운 우주를 만들기 위해
'아톰(원자)'을 만들었어요.

프로톤

아토믹스의 신들 중 하나예요.
아톰에 들어가는 양성자를 만들었어요.
(이건 비밀인데, 일렉트론을 좋아한대요!)

일렉트론

새로운 우주를 만들어 보자고 제안한 신이에요. 아톰에 들어가는 전자를 만들었어요.

뉴트론

아톰에 들어가는 중성자를 만든 신이에요.
게으르고 덤벙대는 성격이에요.

코스모스

신들이 우주를 만드는 데 아주 중요한 조언을 해 줬어요. 그게 과연 무엇이었을까요?

- 물질은 무엇으로 이루어져 있을까?
- 원소는 어떻게 나타낼까?
- 물질은 어떻게 만들어질까?
- 원자를 더 쪼갤 수 있을까, 없을까?

한눈에 쏙 원자의 탄생
한 걸음 더 원자 속이 궁금해!

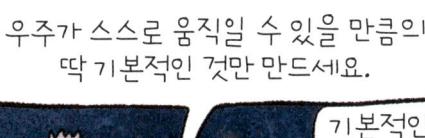

 ## 물질은 무엇으로 이루어져 있을까?

자, 각자의 방을 한번 둘러 볼까요? 책상, 옷장, 가방, 간식 등 방 안에 있는 다양한 물건이 우리를 둘러싸고 있지요. 이러한 물건들처럼 어떠한 모양을 가지고 있는 것을 물체라고 해요. 그리고 물체를 구성하는 재료를 물질이라고 하지요.

연필은 물체예요. 연필을 구성하는 물질에는 흑연과 나무, 고무 등이 있지요. 우리는 물질을 이용해서 다양한 물건을 만들어요. 심지어 인간을 비롯한 여러 생명체도 물질로 이루어져 있어요.

물질을 구성하는 원소

생명체를 비롯한 세상 모든 물체는 물질로 되어 있어요. 그렇다면 물질은 무엇으로 이루어져 있을까요?

처음, 근본 원   본디, 바탕 소

물질을 계속 나누고 또 나누면 더 이상 분해되지 않는 물질의 기본적인 재료에 다다를 거예요. 이것을 원소라고 불러요. 물질을 구성하는 가장 근본적인 요소라는 뜻이에요.

그렇다면 이 세상에 물질을 구성하는 원소는 몇 가지가 있을까요? 고대 그리스 철학자인 엠페도클레스는 물, 불, 흙, 공기 네 가지가 있다는 4원소설을 주장했어요. 세상의 모든 물질이 이 네 가지 원소로 이루어졌다는 것이지요.

4원소설은 틀렸어!

4원소설을 믿던 학자들은 한 물질이 다른 물질로 바뀔 수 있다고 주장했어요. 이러한 이론에서 탄생한 화학 분야가 연금술이에요. 당시 사람들은 구리, 납, 주석과 같은 값싼 금속을 이용하여 금을 만들 수 있다고 생각했어요. 연금술을 연구하던 연금술사들은 금을 만들기 위해 다양한 실험을 하며 노력했어요. 이러한 시도는 18세기 중반까지 계속되었지요.

그러다 1767년에 프랑스 화학자가 4원소설이 잘못된 이론이라는 것을 밝혀냈어요. 화학의 아버지라 불리는 라부아지에(1743~1794년)였지요.

라부아지에는 물을 수소와 산소로 분해하여 물이 원소가 아니라는 것을 밝혀냈어요. 물이 원소라면 다른 물질로 나누어지지 않았을 거예요. 하지만 수소와 산소로 분해되었으니 4원소설은 잘못된 것이지요.

그렇다면 수소와 산소는 원소일까요? 네, 맞아요! 수소와 산소는 더 이상 다른 물질로 나눌 수 없는 원소예요. 물은 수소와 산소가 화학 반응을 일으켜 새로운 물질로 변한 화합물*이랍니다.

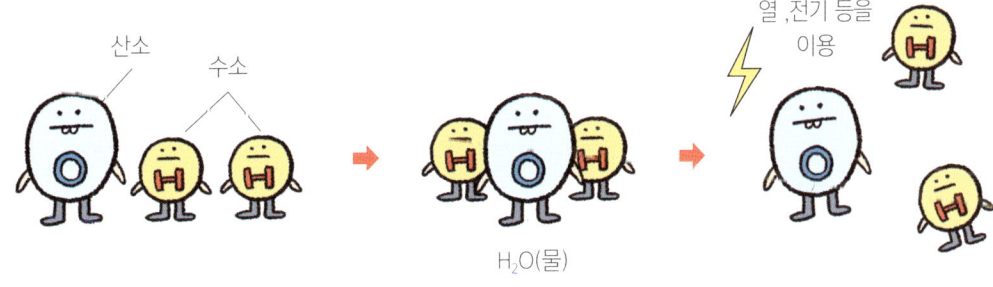

★ **화합물** 서로 다른 원소가 만나 화학 반응을 일으켜 새로운 물질로 변한 것

원소는 어떻게 나타낼까?

처음 가 본 공공건물에서 화장실을 찾는 건 어려운 일이 아니에요. 화장실 표시를 찾으면 되니까요. 어느 쪽이 남자 화장실인지 여자 화장실인지도 쉽게 알 수 있어요. 그것은 누구나 쉽게 알 수 있는 기호로 표시해 두기 때문이지요.

마찬가지로 원소도 누구나 쉽게 확인할 수 있도록 나름대로의 표시 방법이 있답니다.

원소를 나타내는 그림과 문자

원소가 네 가지 밖에 없다(4원소설)고 여긴 고대에는 물, 불, 흙, 공기를 표현하기 쉬웠어요. 그리고 중세에 원소라고 여기던 것은 금, 은, 구리, 철처럼 일상생활에서 쉽게 볼 수 있는 10여 가지가 전부였어요. 당시 연금술사들은 자신들만 알 수 있는 비밀스러운 그림으로 원소를 나타내기도 했지요.

그 후 과학이 발달하면서 원소가 계속 발견되었어요. 수많은 원소를 그림으로 표시하는 일은 너무 어렵고 귀찮은 방법이 되었지요. 영국의 화학자 돌턴(1766~1844년)은 원 속에 기호나 문자를 쓰는 새로운 방법으로 원소를 표시했어요.

	황	철	아연	은	수은	납
연금술사	⟰	☿	♯	☽	☿	♄
돌턴	⊕	Ⓘ	Ⓩ	Ⓢ	✪	Ⓛ

원소를 나타내는 알파벳

1813년 스웨덴의 화학자 베르셀리우스(1779~1848년)는 알파벳을 이용해 원소를 표시하는 방법을 생각해 냈어요. 예를 들면 수소(Hydrogen)는 H, 산소(Oxygen)는 O와 같이 나타내지요.

원소 기호는 알파벳 대문자로 나타내요. 만약 첫 번째 철자가 다른 원소와 같다면 두 번째 철자를 소문자로 표시해서 구분하지요. 예를 들어 헬륨(Helium)은 수소와 첫 글자가 같아요. 그래서 수소와 구분하기 위해 두 번째 철자인 e를 붙여서 He로 나타낸답니다.

원소의 이름이 된 신화 속 신

원소의 이름 중에는 그리스·로마 신화에서 따온 것들이 많아요. 아래 원소의 이름은 모두 그리스·로마 신화에서 기원한 것이랍니다.

- 헬륨(Helium) – 태양의 신 헬리오스(Helios)
- 타이타늄(Titanium) – 올림포스 신들과의 전쟁에서 패한 거인족 티탄(Titan)
- 나이오븀(Niobium) – 탄탈로스의 딸 니오베(Niobe)
- 팔라듐(Palladium) – 기간테스(거인족) 중 한 명이자 아테나 여신의 별명 팔라스(Pallas)
- 프로메튬(Promethium) – 인간에게 불을 가져다준 프로메테우스(Prometheus)
- 탄탈럼(Tantalum) – 제우스의 저주를 받은 리디아의 왕 탄탈로스(Tantalos)
- 이리듐(Iridium) – 무지개의 여신 이리스(Iris)
- 수은(Mercury) – 장사의 신 메르쿠리우스(Mercurius)

 물질은 어떻게 만들어질까?

이 세상에는 물질의 종류가 더 많을까요, 아니면 원소의 종류가 더 많을까요? 당연히 물질의 종류가 훨씬 많아요.

어렸을 때 가지고 놀던 장난감 블록을 떠올려 봐요. 블록의 종류는 몇 가지 안 되지만 이것으로 만들 수 있는 모양은 동물, 건축, 자동차 등 엄청나게 많지요. 블록으로 다양한 모양을 만들 듯, 여러 가지 원소가 합쳐져서 다양한 물질을 만들기 때문에 원소보다 물질의 종류가 훨씬 많답니다.

분자를 통해 살펴보는 원자와 원소

지금까지 과학자들이 찾아낸 원소의 종류는 118가지예요. 그중 자연에서 발견된 것이 90여 가지이고, 나머지는 실험을 통해 발견된 것으로 '인공 원소'라고 불러요.

지금까지 밝혀진 원소가 118가지이긴 하지만, 물질의 종류가 모두 몇 가지인지는 그 누구도 알지 못해요. 새로운 물질이 계속 발견되고, 만들어지고 있기 때문이지요.

물질의 특성을 지닌 가장 작은 단위를 '분자'라고 해요. 분자는 '원자'가 결합해서 만들어져요. 원자는 물질을 이루는 가장 작은 알갱이예요. 분자·원자·원소라니, 단어가 비슷해서 헷갈리지요?

간단하게 말하면 원소는 원자의 종류예요. 물을 예로 들어 볼게요. 물의 성질을 지닌 가장 작은 알갱이는 물 분자예요. 물 한 방울에는 수많은 물 분자가 들어 있지요.

물 분자는 수소 원자 2개와 산소 원자 1개, 총 3개의 원자로 이루어져 있어요. 이때 원자의 종류인 수소와 산소가 바로 원소예요. 즉 1개의 물 분자는 수소와 산소의 2가지 원소로 이루어진 것이지요.

화합물, 순물질, 혼합물

두 가지 이상의 원소가 화학적으로 결합하여 만들어진 물질을 '화합물'이라고 해요. 한 가지 원소로 이루어진 홑원소 물질(금, 다이아몬드, 질소 등)과 한 가지 화합물(물, 설탕 등)로 된 물질은 '순물질'이에요. 두 가지 이상의 순물질이 섞여 있는 물질은 '혼합물(공기, 설탕물, 소금물, 흙탕물 등)'이라고 하지요.

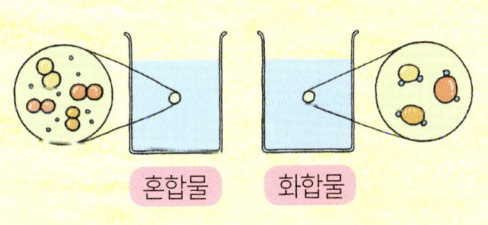

 ## 원자를 더 쪼갤 수 있을까, 없을까?

옛날 만화 영화 〈우주 소년 아톰〉에 대해 들어 본 적 있나요? 원래 아톰(atom)은 원자를 뜻하는 단어예요. 그렇다면 왜 원자를 아톰이라고 부르게 되었을까요?

더 이상 쪼갤 수 없는 알갱이 아톰

고대 그리스 철학자 데모크리토스는 세상의 모든 물질을 계속 쪼개다 보면 더 이상 쪼갤 수 없는 작은 알갱이가 나올 거라고 생각했어요. 그는 이 알갱이를 '더 이상 쪼갤 수 없다'라는 의미의 그리스어 '아토모스(atomos)'라고 불렀지요. 이 단어가 영어 원자에 해당하는 아톰의 기원이에요.

돌턴의 원자설

1803년에 돌턴도 '세상의 모든 물질은 더 이상 쪼개지지 않는 원자로 되어 있다'는 원자설을 주장했어요. 더불어 원자의 모습은 작고 단단한, 공처럼 둥근 모양이라고 주장했지요.

하지만 당시에는 돌턴의 생각을 믿어 주는 사람이 별로 없었어요. 눈에 보이지도 않는 원자의 존재를 믿기란 쉽지 않았겠지요.

사실 원자도 쪼개진다네

앞에서 아톰이라는 이름이 '더 이상 쪼갤 수 없다'는 의미의 아토모스에서 왔다고 했어요. 하지만 19세기 후반, 과학자들은 원자도 더 작은 무언가로 구성되어 있다는 사실을 발견했어요. 돌턴이 원자설을 주장한 지 100년도 채 지나지 않았을 때지요.

1897년 영국의 물리학자 톰슨이 전자(일렉트론, electron)를 발견했어요. 톰슨은 원자가 양(+)의 전기를 가진 부분과 음(-)의 전기를 가진 전자로 되어 있다는 사실을 알아냈지요.

1911년에는 영국의 물리학자 러더퍼드가 실험을 통해 원자 내부에 있는 원자핵을 발견해요. 그래서 과학자들은 원자가 원자핵과 전자로 되어 있다는 사실을 알게 되었지요. 전자는 원자핵 주위를 돌고 있었어요.

그 후에 러더퍼드는 원자핵 속에서 양성자(프로톤, proton)를 발견했고, 1932년에는 영국의 물리학자 채드윅이 중성자(뉴트론, neutron)를 발견했어요.

그럼 위에 발견한 것들로 원자의 구조를 정리해 볼게요. 원자는 양성자와 중성자로 된 원자핵과 전자로 구성되어 있어요. 참고로 원자는 화학 반응으로는 쪼개지지 않지만, 핵반응으로는 쪼갤 수 있답니다.

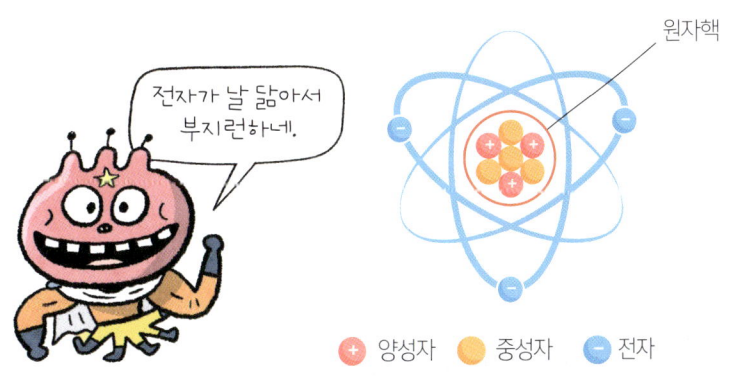

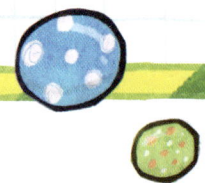

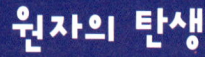

원자의 탄생

물질의 구성

- 원소 : 더 이상 분해되지 않는 물질의 기본적인 재료 ⋯→ 원소는 '물질을 구성하는 가장 근본적인 요소'라는 뜻
- 4원소설 : 세상의 모든 물질이 '물, 불, 흙, 공기' 네 가지 원소로 이루어졌다는 고대 이론
- 라부아지에 : 화학의 아버지라 불리는 화학자로, 물을 수소와 산소로 분해하여 물이 원소가 아니라는 것을 밝힘 ⋯→ 4원소설이 잘못된 이론이라는 것이 알려짐

원소를 나타내는 방법

- 중세 연금술사 : 자신들만 알 수 있는 비밀스러운 그림으로 나타냄
- 돌턴 : 원 속에 기호나 문자를 쓰는 새로운 방법으로 원소를 표시
- 베르셀리우스 : 알파벳을 이용해 원소를 표시 ⋯→ H(수소), O(산소), S(황), Fe(철), Zn(아연), He(헬륨), Ag(은), Hg(수은) 등

원소와 물질

- 여러 가지 원소가 합쳐져 다양한 물질을 만들기 때문에 원소보다 물질의 종류가 훨씬 많음
- 지금까지 발견된 원소의 종류는 118가지로, 90여 가지는 자연에서 발견된 것이고, 나머지는 실험을 통해 발견된 인공 원소
- 분자 : 물질의 특성을 지닌 가장 작은 단위로, 원자가 결합해서 만들어짐
- 원자 : 물질을 이루는 가장 작은 알갱이
- 원소 : 원자의 종류

원자의 구조

- 돌턴의 원자설 : '세상의 모든 물질은 더 이상 쪼개지지 않는 원자로 되어 있다'는 주장
- 톰슨 : 원자 안에 음(−)의 전기를 가진 전자가 있음을 발견
- 러더퍼드 : 원자 안에서 원자핵을, 원자핵 속에서 양성자를 발견
- 채드윅 : 원자핵 속에서 중성자 발견

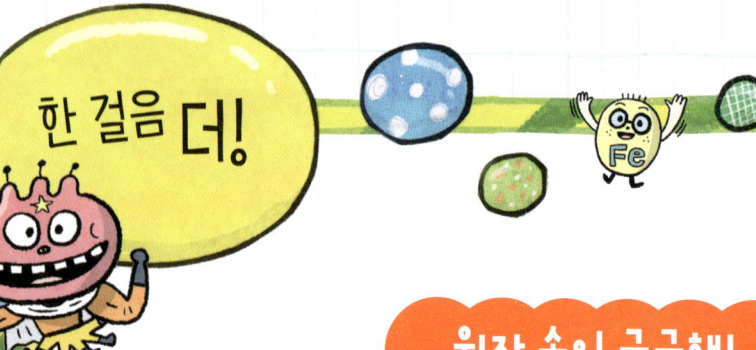

한 걸음 더!

원자 속이 궁금해!

원자는 크기가 매우 작아요. 그래서 사람들은 그 내부를 들여다볼 수 없지요. 원자의 크기는 여러분이 상상하는 것보다 훨씬 작다는 걸 알려 줄게요!

원자의 크기

원자의 크기는 종류에 따라 조금씩 다르지만 대략 0.00000001센티미터쯤 돼요. 숫자가 워낙 작아서 느낌이 안 오지요? 만약 수소 원자를 1억 개 정도 붙여 놓으면 1센티미터 정도가 돼요. 만약 원자를 1억 배 확대하면 탁구공 정도가 되고, 탁구공을 1억 배 확대시키면 지구 정도가 되지요.

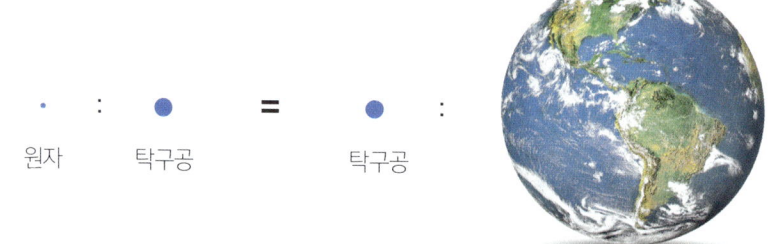

더욱 놀라운 사실은, 원자가 그렇게 작은데도 원자핵은 그것보다 훨씬 더 작다는 점이에요. 원자의 크기를 축구장 정도라고 치면, 원자핵은 축구장에 놓인 구슬 크기 정도밖에 안 되지요.

원자의 모형과 전자

과학자들은 원자가 너무 작아서 도저히 볼 수 없자, 물질의 성질과 내부 구조를 쉽게 이해하기 위해 모형을 만들었어요. 그런데 맨 처음에 돌턴이 생각했던 모형으로는 설명할 수 없는 현상이 많았지요.

그 후로 과학자들은 새로운 현상이 발견될 때마다 모형을 조금씩 수정하여 오늘날과 같은 원자 모형을 생각해 냈답니다.

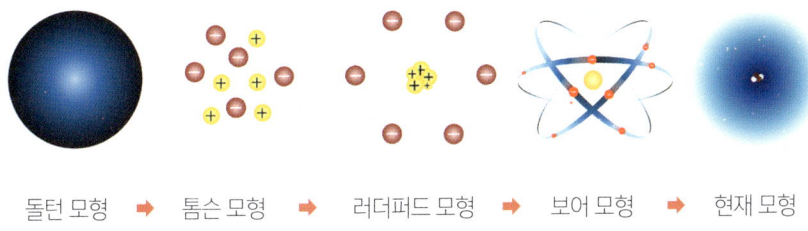

돌턴 모형 ➡ 톰슨 모형 ➡ 러더퍼드 모형 ➡ 보어 모형 ➡ 현재 모형

- 돌턴 모형 : 더 이상 쪼개지지 않는 단단한 공 모형
- 톰슨 모형 : 푸딩 속 건포도처럼, (−)전하들이 (+)전하를 띤 원자 곳곳에 박힌 모형
- 러더피드 모형 : 중심에 (+)진하를 띤 원자핵이 있고, 전자들이 그 주변을 도는 모형
- 보어 모형 : 전자가 원자핵 주변을 일정한 궤도를 따라 도는 모형
- 현재 모형 : 전자가 원자핵 주변에 구름처럼 퍼진 모형

· 원자 번호는 어떻게 정해졌을까?
· 주기율표의 탄생
· 주기율표 보는 법

한눈에 쏙 주기율표의 등장
한 걸음 더 원소의 예언자 멘델레예프

원자 번호는 어떻게 정해졌을까?

대한민국 국민이라면 누구나 자기만의 주민등록번호를 하나씩 받아요. 주민등록번호는 사람마다 다르기 때문에 같은 번호를 쓰는 사람이 없어요. 그렇다면 주민등록번호는 어떻게 정해질까요? 앞부분은 태어난 연도와 날짜이고, 뒷자리는 성별 정보를 담고 있어요. 원소를 나타내는 원자 번호에도 의미가 있어요.

원자 번호의 원리가 궁금해!

여러분이 학교에서 번호를 가지고 있듯이 원자도 번호를 가지고 있어요. 예전에는 학생들 번호를 정할 때 키 순서대로 하거나 남학생은 앞 번호, 여학생은 뒤 번호로 정한 적도 있어요. 요즘은 주로 이름의 가나다순으로 하지요. 그렇다면 원자는 어떤 순서로 번호를 정했을까요?

원자 번호는 원자가 가지고 있는 양성자 수와 같아요. 원자 번호가 1번이라면 양성자를 한 개 가진 원자라는 뜻이에요. 원자 번호가 2번인 헬륨은 양성자를 2개, 3번인 리튬은 3개 가지고 있지요.

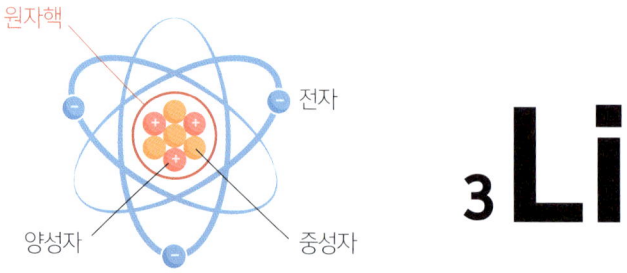

원자 번호 : 3번 = 양성자 수 : 3개 = 전자 수 : 3개

여기서 신기한 점은 원자 번호를 알면 원자가 가진 전자의 수도 알 수 있다는 거예요. 원자 번호와 전자의 수도 같기 때문이지요. 그렇다면 양성자 수와 전자 수도 같을까요? 네, 맞습니다. 같아요! 원자는 항상 양성자 수와 전자 수가 같아요.

문제를 하나 내 볼 게요. 원자 번호 8번인 산소의 양성자와 전자의 수는 각각 몇 개일까요? 원자 번호가 8번이니까 양성자와 전자의 수도 각각 8개씩 있는 거예요.

원자가 항상 중성인 이유

모든 원자는 양(+)의 전기를 가진 양성자와 음(-)의 전기를 가진 전자의 수가 같아요. 같은 수의 양성자와 전자를 가지고 있으므로, 전기적으로 항상 중성이지요.

그런데 원자가 전자를 잃거나 얻으면 양성자와 전자의 수가 달라지면서 균형이 깨져요. 이때 원자는 전기를 띠게 되는데, 이 상태를 '이온(ion)'이라고 해요. 음(-)의 전기를 가진 전자가 적어지면 양이온, 많아지면 음이온이랍니다.

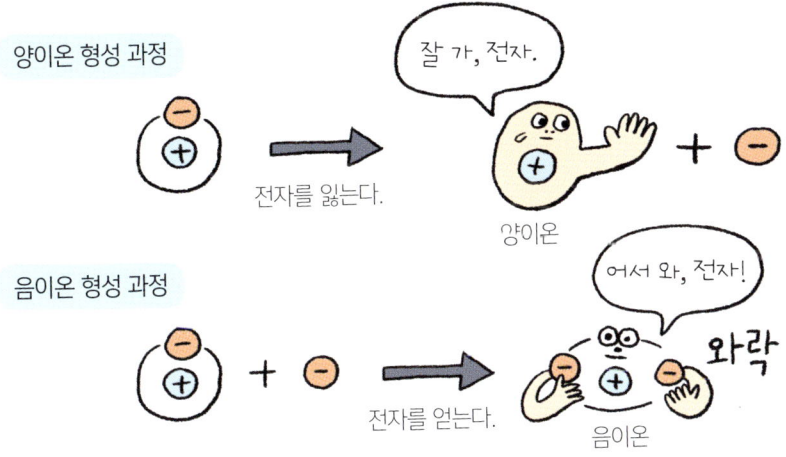

주기율표의 탄생

사람마다 성격이나 능력은 다 달라요. 어떤 사람은 성격이 정말 급하고, 어떤 사람은 조용하지요. 수학을 잘하는 친구도 있고, 음악을 잘하는 친구도 있어요. 누구 하나 같은 사람은 없지만, 서로 비슷한 성질이나 능력을 가진 사람들끼리 묶을 수는 있답니다.

비슷한 원소끼리 묶어 봐!

원소 중에는 서로서로 비슷한 것이 있어요. 예를 들어 금속 상태의 리튬, 나트륨, 칼륨은 마치 버터처럼 칼로 쉽게 자를 수 있을 정도로 물러요. 또한 물에 넣으면 격렬하게 반응을 일으키지요. 헬륨과 네온, 아르곤은 보통 기체 상태로 존재하는데, 다른 물질과 반응을 거의 안 해요.

1860년대까지 밝혀진 원소는 60여 개였어요. 화학자들은 생물학자들이 생물을 분류하듯이, 원소도 여러 원칙에 따라 분류할 수 있을 거라고 생각했지요. 당시 사람들은 원자의 구조를 몰랐어요. 따라서 속에 있는 양성자 수로 순서를 정하는, 지금의 '원자 번호' 같은 것이 없었지요. 그래서 단순히 원자량에 따라 배치하기 시작했어요.

분명 어떤 규칙이 있을 거야!

영국의 화학자 뉴랜즈(1837~1898년)는 원소를 원자량에 따라 나열하다가, 8번째마다 나오는 원소들이 비슷한 성질을 띤다는 점을 발견했어요. 마치 피아노 건반이 '도'에서 '레, 미, 파, 솔, 라, 시'를 지나면 다시 '도'가 반복되듯이요. 뉴랜즈는 이를 '옥타브의 법칙'이라고 불렀어요.

규칙을 이용해 주기율표를 만든 멘델레예프

더 많은 규칙을 찾아내는 데 성공한 것은 러시아의 화학자 멘델레예프(1834~1907년)였어요. 멘델레예프는 원소의 주기성을 찾아내 최초로 주기율표를 만들었어요. 주기성이란 일정한 간격을 두고 같은 것이 반복해서 나타나는 성질이에요.

그 후 영국의 화학자 모즐리(1887~1915년)가 원소를 양성자 수에 따라 원자 번호를 매기고 나열했어요. 이것이 오늘날 우리가 사용하는 주기율표랍니다.

TIP

원자량

원자 사이의 상대적인 질량을 원자량이라고 해요. 수소의 원자량을 1이라고 하면, 산소는 16이지요. 이 말뜻을 이해하기 어렵다고요? 그럼 산소가 수소보다 16배 더 무겁다는 것으로 이해해도 돼요.

주기율표 보는 법

주기율표는 화학자들에게는 지도나 다름없어요. 지도를 볼 줄 모르는 사람에게 지도는 그냥 복잡한 그림일 뿐이에요. 하지만 지도를 볼 줄 아는 사람에게 지도는 길을 안내해 주는 역할을 하지요.

주기율표, 이렇게 보자!

주기율표는 언뜻 보면 원소를 원자 번호에 따라 나열해 놓은 단순한 표 같아요. 하지만 이 표를 볼 줄 알면 많은 정보를 알 수 있지요.

주기율표에서 가로줄은 '주기', 세로줄은 '족'이라고 불러요.

첫 번째 가로줄에는 있는 수소(H)와 헬륨(He)은 1주기 원소예요. 두 번째 가로줄에 있는 리튬(Li)에서 네온(Ne)까지를 2주기 원소라고 불러요. 표에서 보는 바와 같이 7주기 원소까지 있어요.

수소, 리튬, 나트륨(소듐, Na), 칼륨(포타슘, K), 루비듐(Rb), 세슘(Cs), 프랑슘(Fr)은 1족 원소예요. 수소를 빼면 모두 성질이 비슷한 금속이에요. 수소는 1족 원소이기는 하지만, 다른 1족 원소들과 성질이 달라서 1족 원소를 이야기할 때 빼는 경우가 많아요.

수소를 뺀 1족 원소는 알칼리 금속★이에요. 족은 영어로 '그룹(group)'이라고 해요. 성질이 비슷한 친구들이 모여 그룹을 이루듯 원소도 비슷한 성질을 지닌 원소끼리 그룹으로 묶여 있어요.

금속의 성질에 따른 분류

주기율표의 원소들은 여러 가지 방법으로 분류할 수 있어요. 그중 가장 대표적인 분류 방법은 금속의 성질에 따라 금속 원소, 비금속 원소, 준금속 원소, 세 가지로 나누는 거예요.

금속 원소들은 철이나 구리와 같은 금속의 성질을 지니고 있어요. 산소, 질소와 같은 비금속 원소들은 보통 기체 상태로 존재하지요.

준금속 원소는 금속 원소와 비금속 원소의 중간 성질을 지니고 있어요. 대표적인 것이 반도체 재료로 사용되는 규소랍니다.

★ **알칼리 금속** 은백색의 금속으로, 공기 속에서 쉽게 산화되며, 전기와 열이 잘 통하고, 상온에서 물과 반응하여 수소를 발생시킴

주기율표의 등장

원자 번호의 의미

- 원자 번호 : 원자가 가지고 있는 양성자 수와 같음 ⋯▶ 원자 번호가 2번인 헬륨은 양성자를 2개, 3번인 리튬은 3개 가지고 있음

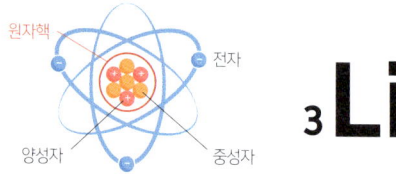

원자 번호 : 3번 = 양성자 수 : 3개 = 전자 수 : 3개

- 원자 번호와 전자의 수, 양성자의 수와 전자의 수도 같음
- 원자가 항상 중성인 이유 : 양(+)의 전기를 가진 양성자 수와 음(-)의 전기를 가진 전자 수가 같으므로, 전기적으로 항상 중성
- 이온 : 원자 내부의 양성자와 전자의 수가 달라지면서, 원자가 전기를 띠게 된 상태

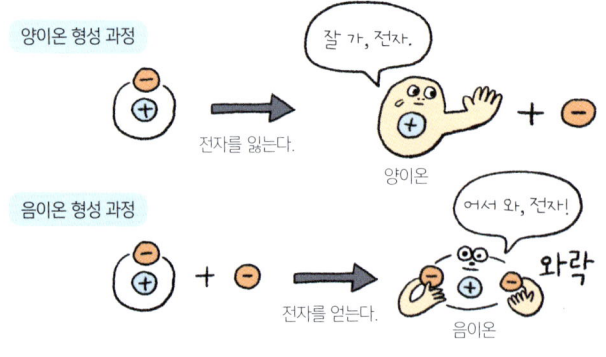

주기율표의 탄생

- 뉴랜즈 : 원소를 원자량(원자 사이의 상대적인 질량)에 따라 나열하다가, 8번째마다 나오는 원소들이 비슷한 성질을 띤다는 점을 발견
- 멘델레예프 : 원소의 주기성(일정한 간격을 두고 같은 것이 반복하여 나타나는 성질)을 발견하여 최초로 주기율표를 만듦
- 모즐리 : 원소를 양성자 수에 따라 나열 … 오늘날 사용하는 주기율표

주기율표 보는 법

- 주기율표에서 가로줄은 '주기', 세로줄은 '족'이라고 불림
- 성질이 비슷한 원소끼리 '족'으로 묶임

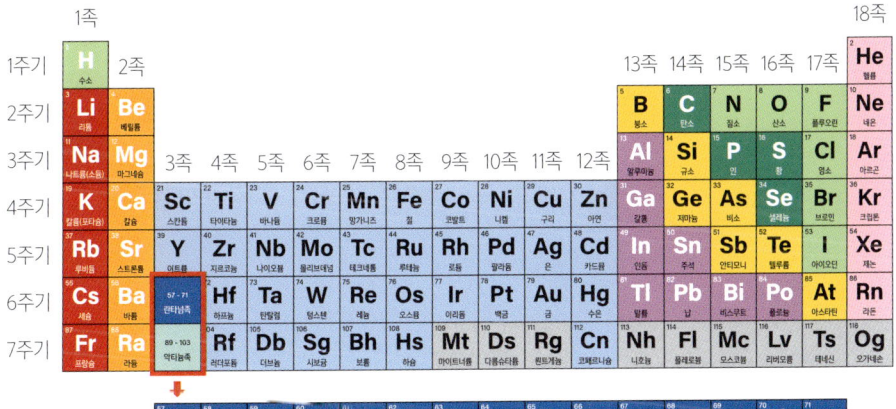

한 걸음 더!

원소의 예언자 멘델레예프

카드 게임에서 얻은 아이디어

멘델레예프는 원자량에 따라 원소를 줄 세우는 방법에 대한 아이디어를 카드 게임에서 얻었어요. 멘델레예프는 카드 게임을 무척 좋아했답니다. 카드에는 하트·클로버·다이아몬드·스페이드 네 종류의 모양이 있고, 각 모양에 따라 숫자를 순서대로 배열할 수 있어요. 이걸 보고 멘델레예프는 원소를 비슷한 성질끼리 모으고 원자량이 커지는 순서로 배열했지요.

주기율표로 인정받기까지

오늘날 멘델레예프는 '현대 주기율표의 아버지'로 불려요. 그런데 멘델레예프의 주기율표가 처음부터 사람들한테 인정을 받았던 건 아니에요. 그때만 해도 발견되지 않은 원소가 많았고, 원소의 주기성 이론에 반대하는 학자들도 많았거든요.

당시 알려진 원소는 60여 개였어요. 멘델레예프는 원소를 1족에서 8족까지 원자량의 순서대로 정리하고

멘델레예프가 그린 주기율표 초안

주기율표를 채워 나갔답니다. 그런데 그는 몇 군데를 빈칸으로 남겨 두었어요. 나중에 그 빈칸에 꼭 맞는 원소가 발견될 거라고 생각했거든요. 더 나아가 멘델레예프는 그 원소의 성격까지 예측했어요. 훗날 새롭게 발견된 원소가 멘델레예프의 예측과 맞아떨어지면서, 그의 주기율표는 인정받게 되었지요.

멘델레예프가 예측한 원소

멘델레예프가 예측한 원소는 갈륨, 베릴륨, 저마늄과 같은 것들이에요. 특히 갈륨의 발견은 멘델레예프의 예측이 아주 정확했다는 사실을 보여 주는 사례랍니다. 그는 아직 발견되지 않았던 갈륨에 '에카알루미늄'이라는 이름을 붙이고, 밀도가 약 5.9일 것이라고 예상했어요. 훗날 갈륨이 발견되고 측정해 보니 실제로 밀도가 5.91인 것으로 밝혀졌지요. 갈륨의 발견으로 멘델레예프의 명성도 높아졌어요.

멘델레예프는 1906년 노벨 화학상 수상 후보에 올랐지만 다른 후보에게 1표 차로 밀렸고, 이듬해 세상을 떠나면서 끝내 노벨상을 받지 못했어요. 하지만 그의 이름은 주기율표에 영원히 남았어요. 후배 과학자들이 그의 업적을 기려, 1956년 발견된 주기율표의 101번째 원소 이름을 '멘델레븀'이라고 정했거든요.

멘델레예프 기념비

우주의 모든 물질은 원소로 되어 있어요. 그렇다면 우주에 가장 많은 원소는 무엇일까요? 태양은 어떻게 빛을 내는 걸까요? 이는 바로 수소 때문이에요.

수소는 1번이자 1등 원소!

내가 바로 모든 원소의 시작!

수소는 원자 번호 1번이에요. 양성자가 하나밖에 없어서 원자 번호 1번을 갖게 되었지요.

수소는 우주에서 가장 풍부하고, 가장 가벼운 원소예요. 또한 우주가 탄생할 때 가장 먼저 만들어진 원소이기도 해요. 다른 원소들은 수소가 결합해서 만들어진 것이니, 모든 원소의 조상이기도 하지요.

별은 수소가 모여서 스스로 빛을 내는 천체*예요. 수소가 많이 모이면 엄청난 열과 압력이 발생하면서 '핵융합'을 일으켜요. 별은 이때 생긴 에너지로 빛과 열을 내요.

핵융합 과정은 매우 복잡하지만, 간단하게 설명하면 가벼운 원자핵이 서로 합쳐져서 더 크고 무거운 원자핵으로 바뀌는 거예요. 수소의 원자핵은 양성자 하나인데, 수소 원자핵들이 핵융합을 하게 되면 양성자 2개와 중성자 2개인 헬륨 원자핵이 탄생하게 돼요.

지금도 태양에서는 어마어마한 양의 수소가 핵융합을 일으켜 헬륨으로 바뀌고 있어요. 그래서 우주로 엄청난 양의 에너지를 내뿜고 있지요. 그 덕분에 지구의 수많은 생명들이 살아갈 수 있답니다.

물을 구성하려면 수소가 꼭 필요해!

수소라는 이름은 물을 구성한다는 뜻이에요. 프랑스의 화학자 라부아지에는 수소를 '물을 발생시키는 것'이라는 의미로 'Hydrogen'이라고 이름 붙였어요. 수소를 연소*시키면 물이 생기거든요.

水 素
물 수   바탕, 성질 소

우리 몸의 60~70퍼센트는 물로 구성되어 있어요. 그래서 사람 몸에는 수소가 많지요.

이렇게 수소는 풍부하지만, 놀랍게도 공기 중에는 거의 없어요. 수소 기체가 너무 가벼워서 대부분 지구 밖으로 멀리 달아나 버렸기 때문이랍니다.

★ **천체** 우주에 존재하는 모든 물체로, 항성, 행성, 위성, 혜성 등을 모두 이르는 말
★ **연소** 물질이 산소와 결합하면서 많은 빛과 열을 내는 현상

원소계의 귀족 – 헬륨

헬륨 가스를 마셔 본 적 있나요? 이 가스를 마시면 도널드 덕처럼 특이한 목소리가 나와요. 텔레비전 예능 프로그램에서 연예인들이 재미를 위해 풍선에 든 헬륨 가스를 마시기도 하지요. 풍선 속에 넣으면 풍선들이 공중에 둥둥 뜨기도 해요.

비활성 기체*인 헬륨

풍선을 띄우려면 가볍고 안전한 내가 딱이지.

1868년, 태양을 관측하던 과학자들이 새로운 기체 성분을 발견했어요. 그들은 그리스 신화의 태양신 헬리오스의 이름을 따서, 이 기체를 헬륨(Helium)이라고 불렀지요.

놀이공원에 가면 둥실둥실 떠 있는 풍선을 많이 볼 수 있어요. 이 풍선에는 헬륨 가스가 가득 들어 있지요. 헬륨은 수소 다음으로 가벼워서 풍선뿐만 아니라 비행선을 공중에 띄우는 데도 사용돼요. 물론 더 값싸고 가벼운 수소를 넣을 수도 있지만, 수소는 폭발의 위험이 있어요. 그래서 풍선과 비행선에는 주로 헬륨 가스를 넣어요.

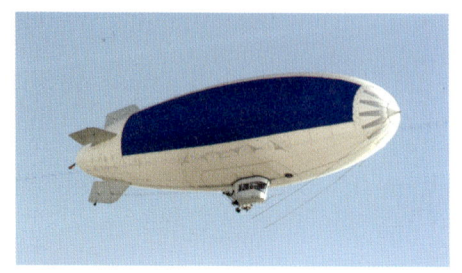

수소는 작은 불꽃에도 쉽게 폭발하는 성질이 있어요. 이러한 기체의 성질을 '반응성이 크다'라고 해요. 수소와 달리 헬륨은 매우 안정적인 기체라서 불꽃이 있어도 불이 붙지 않아요. 헬륨은 다른 물질과 반응을 일으키기 어려워서 '비활성 기체'라고 해요. 쉽게 말해, 혼자 있는 것을 좋아해서 다른 물질과 결합하지 않는다는 뜻이에요. 특히 헬륨은 산소와 불꽃이 있어도 타지 않는데, 이렇게 혼자 귀족처럼 지낸다고 해서 '귀족 기체'라고도 부른답니다.

목소리를 변화시키는 헬륨

헬륨 가스를 마시면 목소리가 이상하게 변해요. 이는 소리의 전달 속도가 달라지기 때문에 생기는 현상이에요.

우리가 하는 말은 폐에 공기가 들어갔다가 나올 때 목에 있는 성대가 떨리면서 소리가 전달돼요.

우리가 평소 숨을 쉴 때 마시는 공기는 질소, 산소 등으로 이루어져 있는데요, 헬륨은 보통의 공기보다 소리를 3배 빠르게 전달할 수 있어요. 소리의 전달 속도가 빨라지자 3배 정도 높은 목소리가 나오는 것이지요.

헬륨은 우리 몸에 들어와도 거의 해를 끼치지 않아요. 그래도 오랫동안 많이 마시는 건 좋지 않겠지요?

★ **비활성 기체** 다른 원소와 화학 반응을 일으키기 어려운 기체 원소

 유기물의 뼈대 – 탄소

생물이 살기 딱 좋은 행성!

지구는 축복받은 행성이에요. 지구에는 물이 풍부해서 많은 생물이 살고 있어요. 식물이나 동물, 미생물 등 모든 생물은 세포로 되어 있어요. 그렇다면 세포를 구성하는 데 꼭 필요한 원소는 무엇일까요?

유기물을 구성하는 탄소

유기물은 생물체를 구성하는 물질이에요. 대부분의 유기물은 생명 현상과 관련이 있어요. 그 유기물의 뼈대가 되는 원소가 바로 탄소랍니다. 탄소에 다른 원소들이 결합된 화합물을 탄소 화합물이라고 해요. 탄소 화합물은 유기 화합물과 같은 의미로 쓰이지요.

우리가 먹는 음식은 대부분 탄소 화합물로 되어 있어요. 과거의 생물이 지하에 묻혀서 생성된 석유와 석탄도 탄소 화합물이지요.

탄소 화합물은 연료로 사용되거나 플라스틱처럼 다양한 화학제품을 만드는 데도 사용돼요. 매우 유용해 보이지요?

동물은 죽어서 땅에 묻히고, 오랜 세월이 흘러 석유나 석탄이 돼. 이를 탄소의 순환이라고 해.

식물은 탄소를 이용해 영양분을 만들고, 동물은 그 식물을 먹지.

환경 문제를 발생시키는 탄소

하지만 탄소 화합물을 연료로 사용하면서 발생한 많은 양의 이산화탄소 때문에 공기, 물 등이 오염되는 일이 생겼어요. 이산화탄소는 탄소 원자 1개와 산소 원자 2개가 결합된 화합물이에요.

이산화탄소는 탄소 화합물이 불에 탈 때 많이 발생해요. 그래서 석탄과 석유를 많이 사용하면 이산화탄소가 많이 생겨 대기 오염 문제가 발생한답니다.

탄소 화합물로 인한 환경 오염

결합 방식에 따라 달라지는 탄소의 상태

흥미로운 것은 여러분이 공부할 때 사용하는 연필 속 가느다란 심과 반짝반짝 아름다운 다이아몬드가 모두 순수한 탄소로 되어 있다는 점이에요. 하지만 각각 탄소의 결합 방법이 달라서 하나는 공책에 쓸 수 있을 정도로 무른 흑연이 되고, 다른 하나는 세상에서 가장 단단한 물질인 다이아몬드가 돼요. 둘 다 탄소로 되어 있으니 불로 태우면 이산화탄소가 되어 공기 중으로 날아가 버립니다.

숨 쉴 땐 내가 필요해! – 산소

철로 만든 물건은 시간이 지나면서 조금씩 녹슬어요. 붉게 녹슨 물건들은 오랜 세월의 흔적을 보여 주지요. 페인트칠을 하면 자동차나 자전거, 철로 만든 생활용품 등에 녹이 스는 걸 막을 수 있어요.

놀랍게도 녹스는 현상은, 우리가 숨을 쉬는 데 꼭 필요한 물질인 '산소' 때문에 생긴답니다. 철이 산소를 만나면 무슨 일이 벌어지는 걸까요?

산소를 만나 산화되는 철

철로 된 물건이 녹스는 이유는 산소와 만나 '산화 철'이 되기 때문이에요. 산화란 어떤 물질이 산소와 결합하는 것을 뜻하지요.

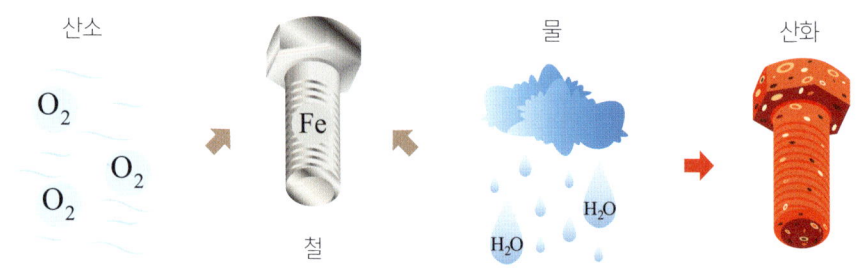

이처럼 산소는 철과 같은 물질을 녹슬게 하고, 여러 생활용품을 낡게 해요. 하지만 산화가 우리에게 불편함만 주는 건 아니에요. 산화가 일어나지 않으면 우리는 살 수 없기 때문이에요.

산화를 통해 유지되는 지구

우리는 공기 속에 있는 산소 덕분에 숨을 쉬며 살아가요. 그럼 공기 속에 산소가 가장 많을까요? 사실 공기 중에는 질소가 가장 많고, 산소는 두 번째예요. 하지만 땅속에는 산소가 가장 많답니다.

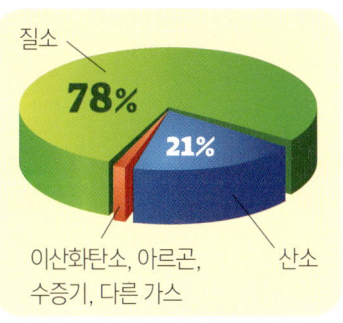
대기의 구성 성분

사람들은 대부분 '산소' 하면 공기 속 기체 상태의 산소를 떠올려요. 하지만 사실은 많은 물질이 산소와 결합하여 산화된 상태로 땅에 포함되어 있지요. 그렇게 보면 바다에도 산소가 제일 많아요. 우리 몸에서도 산소가 제일 많지요.

원래 원시 지구*에는 기체로 된 산소가 거의 없었어요. 기체 산소는 지구에 생겨난 작은 생물들이 광합성을 시작하면서 만들어지기 시작했어요. 생물들이 공기 중의 산소를 만들어 내다니, 참 놀랍지요?

🌟 **원시 지구** 지구가 막 생겨나, 초기 단계일 때의 지구

연소에 꼭 필요한 산소

산소는 나무와 같은 연료가 불에 탈 수 있도록 해 줘요. 이렇게 연료가 산소와 결합해 열과 빛을 내는 과정을 '연소'라고 해요.
로켓이 우주로 날아갈 때도 액체 산소를 싣고 가서 연료를 연소시키며 날아가요.

뼈를 튼튼하게! – 칼슘

뼈를 튼튼하게 하려면 꼭 필요한 성분이 있어요. 바로 뼈를 건강하게 해 준다는 칼슘이지요. 칼슘은 우리 몸이 뼈를 만들고 자라게 하는 데 꼭 필요한 원소예요.

뼈를 구성하는 칼슘

칼슘은 뼈를 구성하는 데 꼭 필요한 성분이에요. 이러한 칼슘이 쇠와 같은 금속이라고 하면 아마 믿기 어려울 거예요. 하지만 순수한 칼슘은 알루미늄처럼 생긴 빛나는 금속이랍니다. 우리 알고 있는 뼈는 인산칼슘이라는 칼슘의 화합물로 구성되어 있어요.

칼슘이 많이 들어 있는 음식을 먹으면 뼈 건강에 도움이 돼요. 우유, 치즈, 멸치 등을 추천할게요!

TIP
원시 생물과 **칼슘**

지구에 맨 처음 살기 시작한 원시 생물이 바닷속에 살았을 때는 칼슘을 흡수하는 것이 중요하지 않았어요. 바닷물 속에는 칼슘이 풍부하기 때문이에요. 하지만 몇몇 생물들이 땅 위로 삶의 터전을 옮기면서부터는 칼슘을 구하기 쉽지 않았어요. 그래서 뼈 안에 칼슘을 저장하면서 살아가게 되었답니다.

과자는 내가 지킨다! – 질소

과자를 사면 봉지가 빵빵하게 부풀어 있는 걸 볼 수 있어요. 막상 봉지를 뜯으면 과자가 반밖에 안 들어 있지요. 이러한 포장에는 다 이유가 있답니다.

과자 봉지 속 질소

봉지 속에 들어 있는 가스는 질소예요. 봉지에 가스가 가득한 이유는 과자가 부서지는 것을 막기 위해서이지요. 또한 과자가 공기 중에 있으면 산소와 결합해서 맛이 이상하게 변하는데, 질소는 이러한 현상을 막아 줘요.

단백질 구성에 꼭 필요한 질소

질소는 우리가 숨을 쉴 때 그대로 우리 몸에 들어왔다가 나갈 뿐, 공기 중에서 몸속으로 직접 흡수되지는 않아요. 그럼 질소는 쓸모없는 기체일까요? 아니에요. 질소는 단백질을 구성하는 중요한 성분이거든요. 사람을 비롯한 모든 생물은 단백질이 꼭 필요해요. 그래서 농사를 지을 때 질소가 가득 들어 있는 비료를 많이 사용하지요. 질소 비료를 사용하면서부터 농작물의 수확량도 크게 늘어났답니다.

한눈에 쏙!

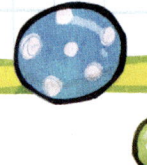

우리 몸과 관련된 원소

수소

- 양성자가 하나뿐이라 원자 번호 1번이 됨
- 우주에서 가장 풍부하고, 가장 가벼운 원소
- 우주가 탄생할 때 가장 먼저 만들어진 원소
- 핵융합을 일으켜 태양 등 별이 빛나게 함

내가 바로 모든 원소의 시작!

헬륨

- 수소 다음으로 가볍고 수소보다 안전한 기체라, 풍선과 비행선을 공중에 띄우는 데 사용됨
- 다른 물질과 반응을 일으키기 어려운 '비활성 기체'
- 보통의 공기보다 소리를 3배 빠르게 전달해, 마시면 목소리가 변함

탄소

- 생물체를 구성하는 물질인 유기물의 뼈대가 되는 원소
- 탄소 화합물 : 탄소에 다른 원소들이 결합하여 만들어진 화합물
- 탄소 화합물은 우리 생활에서 유용하게 쓰이지만, 불에 탈 때 이산화탄소를 많이 만들어 대기 오염 문제가 발생함

산소
- 산화 : 어떤 물질이 산소와 결합하는 것
- 공기 중에 질소 다음으로 가장 많은 성분
- 땅, 바다, 우리 몸에서 가장 많은 성분
  (많은 물질이 산소와 결합하여 존재하기 때문)

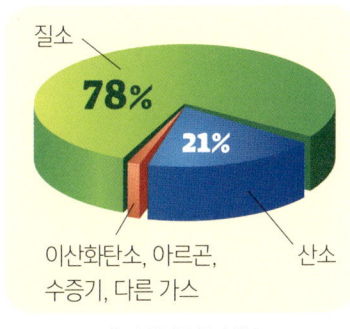

대기의 구성 성분

칼슘
- 뼈를 구성하는 데 꼭 필요한 성분
- 순수한 칼슘은 알루미늄처럼 생긴 빛나는 금속
- 칼슘이 많이 들어 있는 음식(우유, 치즈, 멸치 등)을 먹으면 뼈 건강에 도움이 됨

질소
- 과자 봉지에 들어 있는 가스로, 과자의 부서짐과 산화를 방지
- 공기 중에서 몸속으로 직접 흡수되지는 않으나 단백질을 구성하는 중요 성분으로, 모든 생물에게 꼭 필요
- 질소 비료를 사용하면서부터 농작물의 수확량이 크게 늘어남

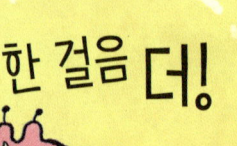

원소가 화합물이 되면 성질이 변할까?

여러 원소가 모여서 화합물이 되면 원래 원소의 성질을 그대로 가지고 있을까요? 아니에요. 전혀 다른 성질을 띠게 되지요.

물은 수소와 산소로 되어 있어요. 하지만 수소, 산소, 물은 전혀 다른 물질이지요. 수소 기체는 조그만 불꽃이 닿아도 쉽게 폭발해요. 산소 기체는 우리가 호흡할 때 꼭 필요한 물질이지요. 하지만 물은 수소처럼 폭발하지도 않고, 산소처럼 호흡할 때 사용할 수도 없어요.

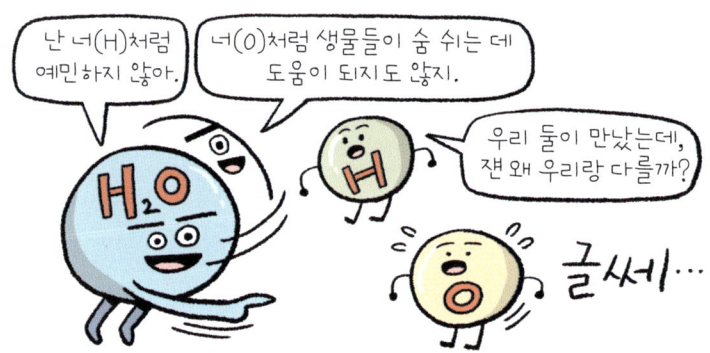

화합물이 되면 변하는 성질

만약 분자 하나에 산소 원자 1개가 더 결합하면 어떻게 될까요? 이 상태의 화합물이 과산화수소(H_2O_2)예요. 수소 원자 2개와 산소 원자 2개로 된 화합물이지요.

과산화수소는 주로 상처에 바르는 소독약으로 사용해요. 물과 전혀 다른 물질이라 마실 수도 없지요. (마시면 큰일 나요!)

설탕은 탄소, 수소, 산소로 되어 있어요. 설탕을 가열해서 태우면 어떻게 될까요? 산소와 수소는 수증기가 되어 공기 중으로 빠져나가므로, 남는 것은 탄소뿐이에요. 그래서 새까맣게 변하지요.

더 나은 미래를 위한 신물질 연구

과학자들은 여러 가지 원소를 사용해 지금까지 존재하지 않았던 새로운 분자를 만들어 내기도 해요. 물과 과산화수소의 관계처럼, 기존에 있는 분자에 원자 하나만 새롭게 붙어도 전혀 다른 성질을 가진 물질이 생겨요.

원자의 결합 방법도 중요해요. 흑연과 다이아몬드를 예로 들어 볼게요. 이 두 물질은 순수하게 탄소만으로 된 물질이지만 성질이 전혀 다르지요. 마찬가지로 '그래핀'과 '탄소 나노 튜브'도 순수하게 탄소만으로 된 물질이에요. 그러나 이 둘도 흑연이나 다이아몬드와는 성질이 전혀 달라요.

그래핀은 탄소 원자가 벌집 모양으로 결합된 매우 얇은 막으로 이루어진 물질입니다. 이 물질은 전기나 열이 잘 통하고, 가볍지만 무척 튼튼해서 꿈의 물질이라고도 불러요. 이러한 신물질이 많이 개발된다면 우리 생활에 큰 도움이 될 거예요.

- 청동기 시대의 구리
- 철기 시대의 철
- 화폐로 사용된 금과 은
- 소금 속의 금속과 독가스
- 세상을 정복한 황
- 원자력의 시대를 연 우라늄

한눈에 쏙 원소! 새로운 시대를 열다
한 걸음 더 끝나지 않는 비극 - 원전 사고

청동기 시대의 구리

역사적으로 보면, 돌을 사용하던 석기 시대를 지나 인간이 처음으로 사용한 금속은 구리예요. 구리는 금이나 은과 함께 자연에서 그대로 발견되기도 해서 인류가 오래전부터 사용했지요. 물론 구리를 대량으로 사용하려면 매우 높은 온도의 열이 필요했으므로, 제대로 사용하기까지는 좀 더 시간이 필요했어요.

구리, 청동기 시대를 열다!

스포츠 대회에서 3등을 하면 받는 동메달. 여기서 동은 구리를 뜻해요.

동메달에 사용하는 동은 사실 순수한 구리로 만든 게 아니에요. 구리에 주석(Sn)을 섞어서 만든 청동 메달이지요. 구리뿐만 아니라 대부분의 금속은 다른 원소를 섞어서 합금*으로 만들어 사용해요. 합금을 하면 원래 금속이 가진 성질보다 더 뛰어난 금속이 되거든요.

구리도 마찬가지예요. 순수한 구리는 단단하지 않고 너무 물러서 무기나 도구로 만들 수 없어요. 그래서 구리를 발견했던 초기에는 주로 장신구를 만드는 데 사용했지요. 그 후로 금속을 다루는 기술이 점점 발달하

★ **합금** 하나의 금속에 성질이 다른 금속이나 비금속을 섞어서 새로운 성질의 금속을 만든 것

자, 구리에 주석을 섞어서 더 단단하게 만드는 방법을 알아냈어요. 이것이 바로 청동인데, 이때부터 청동기 시대가 활짝 열렸답니다.

구리로 만드는 생활용품

옛날에는 청동뿐만 아니라, 아연이나 니켈이 포함된 구리 합금을 놋쇠라고 불렀어요. 조선 시대에는 놋쇠로 만든 그릇을 제사에 사용했을 정도로 매우 귀하게 여겼답니다. 놋그릇은 유기라고도 불러요. 특히 경기도 안성에서 만든 '안성 유기'는 '안성맞춤'이라는 말이 있을 정도로 매우 유명하지요.

그렇다면 구리는 청동기 시대에만 많이 사용된 금속일까요? 아니에요. 구리는 요즘 같은 첨단 시대에도 중요한 금속이에요. 구리는 은 다음으로 전기를 잘 통하게 하는 성질이 있어요. 그래서 각종 전자 제품의 전선으로 널리 사용되고 있답니다.

철기 시대의 철

금속 갑옷을 입고 악당들을 물리치는 히어로 아이언맨! 정말 많은 친구들이 좋아하는 캐릭터지요.
옛날에 갑옷을 입은 기사가 있었다면 오늘날에는 로봇 슈트를 입은 아이언맨이 악당을 물리쳐요. 하지만 철이 단지 갑옷을 만드는 데만 사용되는 것은 아니랍니다.

철이 영어로 아이언! 강철 같은 몸매 뿜뿜!

지금도 철기 시대일지 몰라!

아이언맨의 아이언은 철을 가리키는 영어예요. 영화 속 아이언맨이 입은 로봇 슈트가 순수한 철로 만들어진 건 아닐 거예요. 구리를 단단하게 만들기 위해 합금을 했듯이, 철도 대부분 합금 상태로 사용되거든요.

우리 주변을 한번 둘러봐요. 철이 안 쓰이는 곳이 드물 정도로 많이 보이지요? 이런 점을 생각해 보면, 아직까지 우리는 철기 시대에 살고 있는 게 아닐까요?

철의 첫 번째 특징은 어디서나 흔하게 발견된다는 점이에요. 철은 지각에서 네 번째로 흔한 원소이지요. 그러나 문제는 대부분 녹슨 상태로 발견된다는 점이에요. 그래서 녹슨 철(철광석)을 철로 바꾸어야 해요. 하지만 그 방법을 알아낼 때까지 오랜 시간이 걸렸어요. 청동을 다룰 때보다 더 높은 온도로 가열해야 철로 도구

를 만들 수 있었어요. 그래서 철기 시대*가 청동기 시대보다 늦게 나타난 거랍니다.

생활에 꼭 필요한 철

사람들이 철을 사용하게 되자 세상은 완전히 변했어요. 철로 무기뿐만 아니라 다양한 도구를 만들었지요. 무엇보다 철은 튼튼하고 값이 쌌기 때문에 기차나 철도, 자동차를 만들기에 안성맞춤이었어요.

20세기에 들어서, 철이 건축 재료로 사용되자 건축물의 모습도 완전히 바뀌게 되었어요. 철로 만든 대표적인 건축물은 프랑스의 에펠탑이에요. 처음 에펠탑이 만들어졌을 때 많은 예술가들이 이 탑을 흉하다고 여겼어요. 지금은 파리의 상징이 되어 프랑스 사람들의 사랑을 받고 있지요.

아파트에는 엄청난 양의 철근이 들어 있어요. 단지 콘크리트로 둘러싸여 보이지 않을 뿐이지요. 철은 고층 건물을 지을 때 필수적인 건축 재료예요. 또한 수많은 기계도 철로 만들어지고 있지요.

나! 철은 아주 쓰임이 많지!

★ **철기 시대** 철기를 사용하기 시작한 시대로, 석기 시대·청동기 시대를 뒤이은 시대

화폐로 사용된 금과 은

전래 동요 '도깨비 나라'라는 노래를 아나요? 도깨비 방망이로 두드리면 금 나와라 뚝딱, 은 나와라 뚝딱! 금과 은이 된다는 내용을 담고 있지요. 금과 은은 옛날부터 누구나 갖고 싶어하는, 매우 귀한 금속으로 여겨졌답니다.

대표적인 귀금속 '금'

금은 인류 역사에서 가장 오랫동안 많은 사랑을 받은 금속이에요. 심지어 금을 너무나도 사랑한 나머지, 금을 직접 만들려고 노력하는 사람들도 생겼어요. 바로 연금술사들이지요.

연금술사는 납이나 수은 등 값싼 금속을 이용하여 금을 만들려고 했어요. 유명한 물리학자인 뉴턴도 연금술을 연구하는 데 많은 시간을 보냈을 정도지요. 그렇다면 연금술사들은 금을 만들어 내는 데 성공했을까요? 결국 그 누구도 성공하지 못했어요. 원소는 다른 원소로 바뀔 수 없으니, 금을 만들 수도 없었지요.

철과 달리, 금은 자연 상태에서도 반짝이는 모습 그대로 발견돼요. 그래서 인류는 오래전부터 금으로 장신구를 만들어 사용했지요.

금이 반짝이는 상태로 발견되는 이유는 다른 물질과 잘 반응하지 않기 때문이에요. 정말로 금의 광채는 영원하다고 해도 과장이 아니지요. 그래서 금은 전자 제품을 만드는 데도 많이 사용된답니다.

흰빛이 반짝거리는 귀금속 '은'

'금은보화'라는 말에서 알 수 있듯이, 은은 금 다음으로 귀한 금속이라는 느낌이 들지요. 특히 가공하기 쉽기 때문에 옛날에는 장식품, 그릇 등으로 주로 사용했어요.

실제로 금이나 은이 보석 중에 제일 비싼 물질은 아니지만, 역사적으로 금과 은은 화폐와 비슷한 기능을 했기 때문에 거래에 많이 사용되었답니다.

금보다 은의 가치가 낮은 것은 은에 큰 단점이 있기 때문이에요. 금은 녹슬지 않지만, 은은 녹이 슬거든요. 또한 은이 금보다 훨씬 많이 산출★되기 때문에 금보다 낮은 가격으로 거래되지요. 은은 원소 중에서 전기를 가장 잘 통하게 하는 물질이랍니다. 또한 빛을 가장 잘 반사하는 물질이기도 합니다.

녹슨 은수저

★ **산출** 물건을 생산하여 내는 것

소금 속의 금속과 독가스

소금은 음식의 맛을 내는 데 꼭 필요한 재료예요. 소금이 안 들어간 요리는 거의 없지요. 이러한 소금은 어떤 원소로 되어 있을까요?

소금을 이루는 원소

소금은 요리에도 중요하지만, 우리 몸에 꼭 필요한 물질이에요. 몸속 수분의 양을 조절하지요.

소금을 많이 먹으면 우리 몸에 해롭다는 이야기를 들어 본 사람이라면 이 이야기가 이상하게 들릴 거예요. 하지만 오늘날처럼 소금을 쉽고, 싸게 구할 수 있게 된 것은 그리 오래되지 않았어요.

고대 로마에서는 병사들의 봉급을 소금으로 줄 때도 있었어요. 웬 소금이냐고요? 당시에는 소금이 금과 같은 가격으로 거래될 만큼 귀중했기 때문이지요.

이러한 소금을 과학자들은 염화나트륨(염화소듐)이라고 불러요. 화학식으로는 NaCl이라고 표시해요. 원소 기호로 물질을 표시하는 것을 화학식이라고 해요. 화학식으로 물질을 나타내면 어떤 원소로 이루어진 물질인지 알기 쉽지요. '소금'이라고 하면 어떤 원소로 되

급여란 뜻의 샐러리(salary)는 '소금을 지불하다'라는 뜻의 라틴어에서 유래했지.

어 있는지 알 수 없지만, NaCl로 표시하면 나트륨(소듐, Na)과 염소(Cl)로 이루어져 있다는 것을 쉽게 알 수 있답니다.

위험한 나트륨과 염소, 안전한 소금

나트륨은 반응성이 큰 금속 원소예요. 그래서 다른 원소와 만났을 때 화학 반응이 쉽게 일어나지요. 예를 들어, 나트륨 덩어리를 물에 넣으면 수소 가스가 생기면서 폭발해요. 불꽃이 튀기도 하지요.

염소는 제1차 세계 대전에서 독가스로 사용되었던 물질이에요. 사람의 목숨을 앗아 갈 정도로 위험한 물질이지만, 살균력이 강해서 우리 생활에 도움을 주기도 해요. 요즘에는 적은 양을 물에 넣어 소독약으로 주로 사용하지요.

나트륨과 염소는 각각 따로 존재할 때는 위험한 물질이에요. 이 두 물질이 화학 결합을 통해 소금이 되면, 소금도 위험한 물질이 될까요? 아니에요. 소금은 나트륨이나 염소와는 전혀 다른 성질을 갖게 된답니다.

TIP 우리 생활에 도움을 주는 염소

염소는 살균력이 강해서 우리 생활 곳곳에 쓰이고 있어요. 수영장과 수돗물의 소독, 빨래를 깨끗이 해 주는 표백제 등으로 쓰지요. 몸에 나쁠까 봐 걱정된다고요? 너무 걱정하지 말아요. 아주 적은 양을 이용하기 때문에 우리 몸에 해롭진 않답니다.

세상을 정복한 황

축제 때 사용하는 폭죽을 만들기 위해서는 화약을 사용해요. 화약이 처음 발명되었을 때는 폭죽에 사용했지만, 화약의 가능성을 알아본 사람들은 이를 이용해 총이나 대포를 만들었지요. 이러한 화약에는 어떤 원소가 사용될까요?

독특한 냄새를 내뿜는 황

유황 온천

현재까지 활발히 활동 중인 화산 지대나 온천 지역에 가 보면 고약한 냄새를 맡을 수 있어요. 흔히들 달걀 썩는 냄새와 비슷하다고 말하지요. 이 냄새는 황화수소(H_2S)와 이산화황(SO_2)과 같은 가스 냄새예요. 달걀 썩는 냄새는 황화수소, 코를 찡그리게 만드는 톡 쏘는 느낌은 이산화황이 만들어 내지요.

화산 지대에서 나는 이상한 냄새의 원인은 황 때문이에요. 황은 원래 아무 냄새도 없지만, 다른 물질과 결합하면 독특한 냄새를 내뿜지요. 순수한 황은 화산 지대에서 쉽게 얻을 수 있기 때문에 인류에게 일찍부터 알려진 물질이지요.

화약의 주요 성분

황은 화약의 주요 성분이에요. 화약은 '불붙는 약'이라는 뜻으로, 고대 중국의 연단술사들이 늙지 않는 약을 만들기 위해 연구하는 과정에서 흑색 화약을 발명했다고 해요. 흑색 화약은 황과 초석, 목탄으로 만들었어요.

火 藥
불 화 　화약 약

이렇게 발명된 흑색 화약이 대포와 총에 사용되면서 온 세상은 큰 변화를 겪게 돼요. 화약이 전쟁에 없어서는 안 될 물질이 된 것이지요. 그래서 화약과 나침반, 종이를 세계 3대 발명품이라고 부른답니다.

황이 화약을 만드는 데에만 사용되는 건 아니에요. 오늘날에는 황산이라는 물질의 형태로 다양한 화학 산업에 쓰이고 있답니다.

성냥 머리에는 황이 들어 있어서 불이 잘 붙어.

TIP

대기 오염을 일으키는 황

이산화황은 대표적인 대기 오염 물질로도 잘 알려져 있어요. 공기 중에 떠다니는 이산화황이 빗물 속에 섞이면 산성비가 내리지요. 산성비는 생태계와 건물에 피해를 줘요.

 원자력의 시대를 연 우라늄

원자력이란 불과 전기에 이어 '제3의 불'이라고 불리는 에너지예요. 원자핵의 상태가 변할 때(핵반응) 발생되는 에너지를 뜻하지요.

원자력은 그 힘이 매우 세서 두렵기도 하지만, 엄청난 에너지를 만들어 내므로 항상 사람들의 관심을 끌고 있어요. 원자력의 개발로 인해 인류가 새로운 시대를 맞이할 것인지, 아니면 멸망의 길로 갈 것인지를 두고 많은 사람이 고민하고 있지요.

울진 원자력 발전소

세상을 공포로 몰아넣은 원자력

1942년 미국 시카고 대학에서 최초의 원자로가 가동됐어요. 원자로란 원자력을 제어하는 장치예요. 핵물리학자 페르미(1901~1954년)가 자신이 만든 원자로에서 원자력 발전이 가능한지 실험을 한 것이지요.

실험은 성공적이었어요. 하지만 안타깝게도 그 실험 결과는 인류를 위협하는 최악의 무기, 원자 폭탄을 만드는 데 이용되었지요. 그때는 제2차 세계 대전이 한창일 때였거든요.

미국은 독일보다 먼저 원자 폭탄을 만들기 위해 엄청난 노력을 기울였어요. 이때 만든 원자 폭탄은 많은 사람이 반대했는데도, 빨리 전쟁을 끝내야 한다는 주장에 밀려 곧장 사용되었지요. 1945년에 일본 히로시마와 나가사키 두 곳에 원자 폭탄이 떨어졌어요.

원자 폭탄을 사용한 결과는 정말 참혹했어요. 엄청나게 많은 사람이 목숨을 잃었고, 살아남은 사람들도 병들어 고통받았답니다.

원자 폭탄 때문에 인류는 원자력이 얼마나 강하고 무서운 것인지를 깨닫게 되었어요.

원자 폭탄이 떨어진 뒤 폐허가 된 히로시마

우리 생활에 도움을 주는 우라늄

우라늄은 70년 전까지만 해도 인류의 목숨을 앗아 가는 무시무시한 물질이었어요. 하지만 최근에는 우리 생활에 도움을 주기도 해요. 대표적인 예가 원자력 발전소예요. 우라늄으로 만들어 낸 엄청난 에너지를 이용하여 전기를 얻을 수 있기 때문이에요.

다만, 원자력 발전은 방사능을 지닌 원소 '우라늄'을 사용하기 때문에 방사성 물질이 발전소 밖으로 빠져나와 인류와 생태계에 피해를 줄 수 있어요. 그래서 원자력 발전소는 지진의 위험이 없는 곳에 세운 뒤, 철저하게 관리해야 하지요.

원자력 발전소의 위험성을 대표하는 사건으로는 1986년 우크라이나 체르노빌 원전 사고, 2011년 일본 후쿠시마 원전 사고가 있답니다.

나쁜 마음을 먹고 과학 기술을 나쁜 곳에 쓰면 안 돼!

원소! 새로운 시대를 열다

청동기 시대의 구리
- 구리 : 석기 시대를 지나 인간이 처음으로 사용한 금속
- 구리에 주석을 섞어서 더 단단한 청동으로 만드는 방법을 알아냄
  ⋯▸ 청동기 시대가 열림
- 오늘날에도 놋쇠, 전선 등 생활용품에 다양하게 사용됨

철기 시대의 철
- 철 : 지각에서 네 번째로 흔한 원소지만 대부분 녹슨 상태로 발견됨
- 녹슨 철(철광석)을 철로 바꾸는 방법을 알아낼 때까지 오랜 시간이 걸려, 청동기 시대보다 철기 시대가 늦게 나타남
- 다양한 도구, 기차, 철도, 자동차, 건축 재료 등으로 활용됨

화폐로 사용된 금과 은
- 금 : 다른 물질과 잘 반응하지 않고, 자연 상태에서도 반짝이는 모습 그대로 발견됨 ⋯▸ 장신구와 전자 제품을 만드는 데 많이 사용됨
- 은 : 장식품, 그릇 등으로 사용되고 전기가 가장 잘 통하는 금속이며 빛을 가장 잘 반사함

소금 속의 금속과 독가스
- 소금 : 염화나트륨(염화소듐, NaCl)으로, 나트륨(소듐, Na)과 염소(Cl)로 이루어짐
- 나트륨 : 반응성이 큰 금속 원소로, 화학 반응이 쉽게 일어남
- 염소 : 제1차 세계 대전 때 독가스로 사용되었으나 강한 살균력으로 생활에 도움을 주기도 함

세상을 정복한 황
- 다른 물질과 결합하면 독특한 냄새를 내뿜음
- 순수한 황은 화산 지대에서 쉽게 얻을 수 있음
- 세계 3대 발명품 중 하나인 화약의 주요 성분
- 오늘날 황산이라는 물질의 형태로 다양한 화학 산업에 쓰임

원자력의 시대를 연 우라늄
- 원자력 : 불과 전기에 이어 '제3의 불'로 불리는 에너지로, 원자핵의 상태가 변할 때(핵반응) 발생
- 원자력 발전 : 전기를 만들어 우리 생활에 도움이 되지만, 방사능을 지닌 원소 '우라늄'을 사용해 위험성이 있음

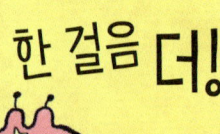

끝나지 않는 비극 – 원전 사고

원자력 발전소에서 만드는 전기는 생활에 도움을 줘요. 하지만 사고가 일어나 방사성 물질이 밖으로 빠져나오면 모든 생명체에 큰 피해를 주지요. 게다가 그 피해는 짧은 기간에 끝나지 않고 오래도록 지속돼요.

체르노빌 원전 사고

체르노빌 원자력 발전소 폭발 사건은 인간 때문에 일어난 최악의 재난으로 손꼽혀요. 체르노빌은 우크라이나 북서부에 있는 도시예요. 1986년 4월 26일, 체르노빌 원전에 있던 4개의 원자로 중 4호기가 폭발했어요. 이 사고로 원자로 뚜껑이 날아가고 방사능 오염 구름이 하늘을 덮었지요. 발전소 직원들, 지역 소방관들은 보호복을 제대로 입지 않고 사고 현장에서 일했어요. 해로운 방사성 물질이 그들의 몸에 들어갔고, 그중 3개월 내에 죽은 사람이 28명이나 돼요.

▲ 체르노빌 원전의 강철 덮개

눈에 보이지 않고 냄새도 없는 방사성 물질은 소리 없이 퍼져 주변을 오염시켰어요. 오염 지역에 살던 주민들은 죽거나 병에 걸렸고 후유증에 시달렸어요. 방사성 물질은 농작물과 생태계에도 피해를 입혔지요. 사고가 일어난 발전소 근처는 여전히 출입 금지 구역이에요. 원전 사고가 일어나고 7개월 후, 소련 정부는 콘크리트로 원전을 덮었어요. 그러나 시간이 흐르면서 콘크리트 덮개에 금이 가고 위험해졌어요. 현재는 콘크리트 위에 추가로 강철 덮개가 덮여 있어요.

후쿠시마 원전 사고

2011년 3월 11일, 일본 동북부에 대지진이 일어났어요. 이때 원자로 1~3호기의 전원이 멈췄는데, 쓰나미가 밀려와 발전소가 물에 잠기면서 비상 장치도 멈추고 말았지요. 결국 원자로를 식혀 주는 냉각 장치가 고장 나면서, 3월 12일에 1호기에서 수소 폭발이 일어났어요. 이틀 뒤 14일에는 3호기가, 15일에는 2호기와 4호기에서 수소 폭발이 일어나 방사성 물질이 밖으로 나왔어요.

후쿠시마 원자력 발전소

후쿠시마 원전 사고는 국제 원자력 사고 등급의 최고 위험 단계인 7등급 사고예요. 이는 체르노빌 원전 사고와 같은 수준이지요. 복구는 지금도 진행되고 있어요. 핵연료를 모두 회수하고 원자로와 발전소 건물을 해체하는 데는 최장 40년이 걸린다고 해요. 오염수 보관 문제도 심각한데, 일본 정부가 오염수를 여과시켜 태평양으로 내보내는 방법을 검토하고 있어 논란이 되고 있어요.

- 반도체를 만드는 규소
- 전기 자동차의 심장 리튬
- 우리가 꼭 필요해! - 희토류 원소
- 환경을 오염시키는 중금속
- 마법의 물질 플루오린
- 꿀잠 자기 무서워! - 라돈 침대

한눈에 쏙 원소와 과학 기술, 그리고 환경
한 걸음 더 방사선? 방사능? 방사성 물질?!

반도체를 만드는 규소

모래는 어디서나 흔히 볼 수 있는 물질이에요. 너무 흔해서 소중한 느낌도 들지 않지요. 하지만 모래 속에는 결코 무시할 수 없는 중요한 원소가 들어 있어요.

석영의 주요 물질인 규소

규소는 영어로 실리콘(silicon)이라고 해요. 실리콘은 부싯돌이라는 뜻을 가진 라틴어에서 온 말이지요. 규소는 지각에서 산소 다음으로 풍부해요. 사실 모래의 주성분인 석영은 산소와 규소로 된 광물이에요.

석영 중에서 결정형이 아름답게 잘 나타난 물질을 수정이라고 해요. 수정은 쿼츠(quartz)라고 해요.

시곗바늘이 있는 아날로그시계를 보면 조그맣게 'QUARTZ'라고 쓰여 있는 것이 있어요. 이건 수정을 이용해 만든 시계라는 뜻이에요. 수정은 전압을 걸어 주면 일정하게 진동하는 성

질이 있는데, 이 성질을 이용해 시곗바늘이 일정하게 움직이는 시계를 만든 것이지요.

석영을 녹여서 유리를 만들기도 해요. 이것을 석영 유리라고 해요. 모래를 이용해 콘크리트 건물을 만들고, 창문의 유리를 만들어요. 창문 틈

이나 목욕탕에 물이 새지 않도록 바르는 실리콘도 규소로 만들지요. 이러한 건축물의 재료로도 쓰이니, 규소가 없다면 우린 집을 지을 수 없지 않을까요? 또한 흙 속에는 규소가 가득 들어 있으니 도자기 그릇을 만드는 데에도 규소가 사용되지요. 그러고 보면 우리 주변에 규소가 들어 있지 않은 것이 거의 없을 정도로 많이 사용되고 있네요!

규소를 이용하는 것은 인간만이 아니에요. 우리가 단단한 건물을 짓듯이, 해면과 같은 해양 생물들은 규소를 자기 몸의 단단한 부분을 만드는 데 사용하기도 해요.

반도체를 만드는 데 꼭 필요해!

규소는 오늘날 반도체 재료로 큰 주목을 받고 있어요. 물질은 전기적 성질에 따라 도체, 부도체, 반도체로 구분해요. 도체는 전기를 잘 흐르게 하는 물질이고, 부도체는 전기가 거의 흐르지 않는 물질이에요. 반도체는 그 중간적인 성질을 지닌 물질로, 상황에 따라 전기를 흐르게 하지요.

반도체는 컴퓨터와 같은 전자 제품이나 태양 전지에 꼭 필요한 물체예요. IT 기술이 발달하고 4차 산업 혁명이 중요해진 건 규소가 있기 때문에 가능했던 일이랍니다.

유명한 IT 기업이 모여 있는 미국의 '실리콘 밸리'도 규소의 영어 이름 실리콘에서 따온 말이야.

원소와 과학 기술, 그리고 환경 • 93

전기 자동차의 심장 리튬

스마트폰은 하루 종일 우리와 함께해요. 언제 어디서나 스마트폰 화면을 켜고 메시지나 인터넷을 확인할 수 있도록 배터리도 늘 넉넉하게 충전해 두지요. 스마트폰 배터리가 방전되어 쓸 수 없게 되면 초조해지니까요. 이 배터리에 들어가는 가장 핵심적인 물질이 바로 리튬이에요.

배터리를 만드는 데 꼭 필요한 리튬

리튬은 돌, 암석이라는 뜻의 그리스어 '리토스(lithos)'에서 따온 말이에요. 리튬은 금속이지만 나트륨처럼 반응성이 커서 물에 넣으면 수소 가스를 발생시키고, 폭발할 수도 있어요. 또한 너무 가벼워서 물에 뜰 수도 있지요.

최근 리튬이 많은 관심을 받는 이유는 전기 자동차의 배터리로 사용되

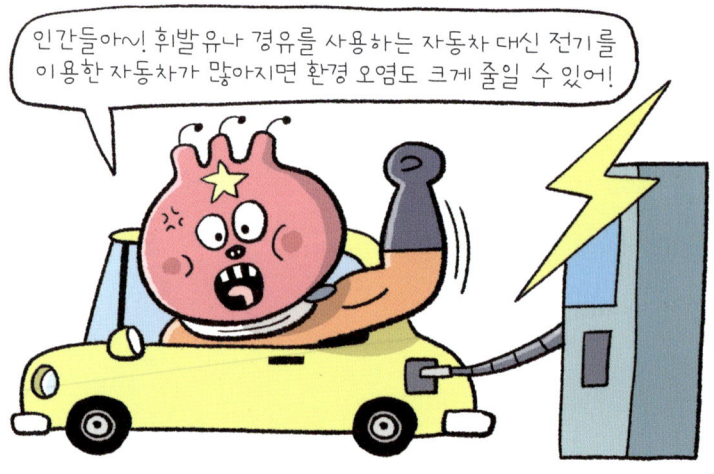

인간들아~! 휘발유나 경유를 사용하는 자동차 대신 전기를 이용한 자동차가 많아지면 환경 오염도 크게 줄일 수 있어!

기 때문이에요. 리튬은 가벼울뿐더러, 전기 에너지를 많이 저장할 수 있기 때문에 전기 자동차 배터리로 안성맞춤이에요. 물론 스마트폰의 배터리에도 리튬이 많이 사용되고 있지요.

사실 전기 자동차나 노트북에는 배터리가 차지하는 부분이 매우 커요. 만약 무거운 배터리를 사용한다면 자동차는 에너지가 더 많이 필요할 테고, 노트북은 가지고 다니기 힘들겠지요. 이제 가벼운 리튬이 배터리 원료로 인기가 많은 이유를 알겠죠?

스마트폰 부품 중 가장 큰 부분을 차지하는 배터리

리튬은 바닷물에 녹아 있지만 농도가 낮아서 바닷물에서 직접 얻기는 어려워요. 바닷물이 증발해 만들어진 소금 사막과 같은 곳이 리튬의 농도가 높아 주요 생산지랍니다. 소금 호수나 소금 광산에서도 리튬이 생산돼요.

리튬과 불꽃 반응

T!P

까만 밤하늘을 화려하게 장식하는 불꽃놀이! 특별한 행사나 축제가 있을 때 쏘아 올리지요. 이때 사용하는 원소가 바로 리튬이에요.
리튬은 불꽃에 닿으면 붉은색으로 빛나요. 이렇듯 원소가 불꽃에 닿아 특정한 색을 띠는 현상을 '불꽃 반응'이라 해요. 나트륨(소듐)은 노란색을, 칼륨(포타슘)은 보라색을, 구리는 파란색을 띤답니다.

우리가 꼭 필요해! – 희토류 원소

비타민은 우리 몸에 꼭 필요한 물질이에요. 비록 적은 양이지만, 없으면 다양한 질병에 걸릴 수 있지요. 우리 몸속 비타민처럼, 산업에도 매우 적은 양이지만 꼭 필요한 원소들이 있어요.

이름부터 너무 어려운 희토류 원소

실생활이나 온라인 게임 등에서 얻기 힘든 물건을 우리는 흔히 '레어템'이라고 해요. '희귀하다(레어, rare)'와 '물건(아이템, item)'의 합성어이지요.

희토류 원소(rare earth elements)도 영어에 '레어'가 들어가요. 희토류 원소를 쉽게 설명하면 '지구에 매우 희귀한 원소'라는 뜻이지요.

희토류 원소는 스칸듐(Sc)과 이트륨(Y), 그리고 주기율표 맨 아래 두 줄 중 첫 줄에 있는 란타넘(La)부터 루테튬(Lu)까지의 15개 원소를 합하여 총 17개의 원소를 일컫는 말이에요.

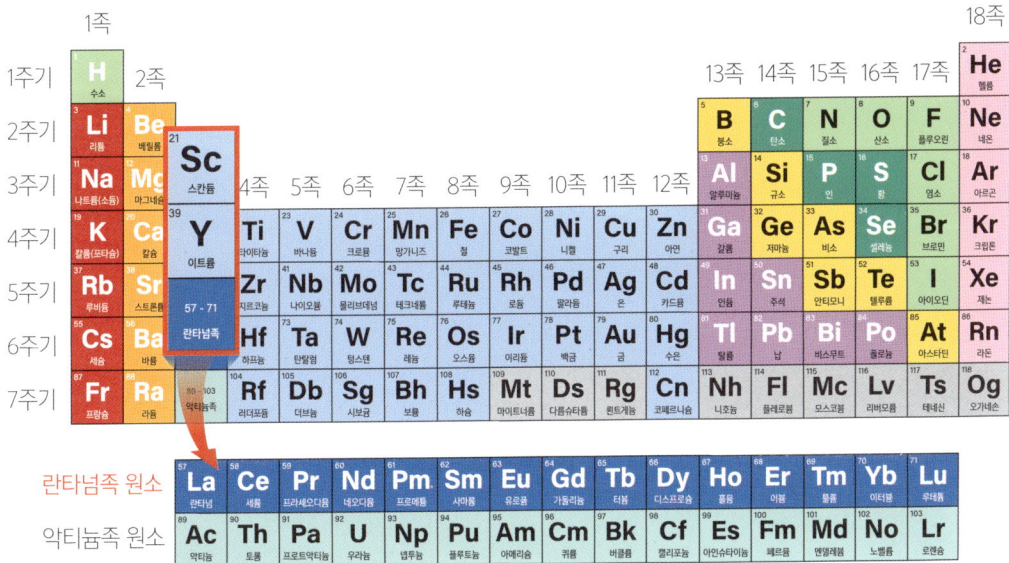

　희토류 원소는 '드물다, 희귀하다'라는 의미에서 붙여진 이름이긴 하지만, 사실 그렇게 드물지 않아요. 단지 땅에서 얻기가 쉽지 않아서 붙은 이름이지요.

　첨단 산업에서 희토류 원소는 꼭 필요한 물질이에요. 하지만 희토류를 땅에서 채굴해 필요한 원소를 분리해 내는 과정이 매우 어려워요. 또한 분리 과정에서 환경 오염이 많이 발생하기 때문에 선진국에서는 희토류 광산의 문을 닫고, 주로 외국에서 수입하지요.

　중국은 이러한 환경 오염에도 희토류를 계속 생산해서 세계 최대의 희토류 생산 국가가 되었어요.

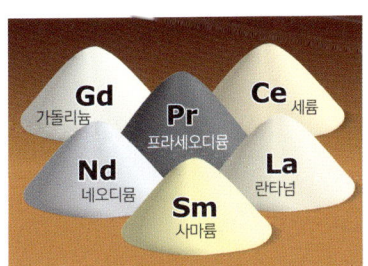

희토류 광산

여러분도 중금속이 환경을 오염시킨다는 이야기를 들어 봤을 거예요. 도대체 중금속이 어떤 물질이기에 환경을 오염시키는 걸까요?

중금속을 조심해!

수명이 다한 형광등은 함부로 버리면 안 돼요. 형광등 내부에 수은(Hg) 기체가 있어서 인체에 해롭기 때문이에요.

수은은 '물 같은 은'이라는 의미예요. 원소 기호인 Hg, 즉 라틴어 하이드라지럼(Hydrargyrum)도 같은 뜻을 지니고 있어요.

자연에서 액체 상태로 흐르는 아름다운 수은은 오랜 옛날부터 사람들의 관심을 끌었어요. 다른 금속과 섞어 쉽게 합금을 만들 수 있어서 연금술사들이 즐겨 사용하는 금속이기도 했지요. 문제는 수은이 매우 위험한 금속이라는 걸 아무도 몰랐다는 거예요.

수은의 위험성이 처음 알려진 것은 1956년이었어요. 그해에 일본 미나마타시에서 수은에 중독된 환자들이 발견되기 시작했지요. 수은에 중독된 해산물을 먹으면 수은이 몸에 쌓여요. 이렇게 수은에 중독된 사람들은 혀나 입술을 떨거나 제대로 걷지 못하는 신경계통의 질병으로 고통받았지요. 이 병의 이름이 바로 미나마타병이에요.

일본에서 나타난 또 다른 중금속 관련 질병이 이타이이타이병이에요. 이타이이타이는 일본어로 '아프다, 아프다'라는 뜻이에요. 이 병은 일본

사람들이 아연을 캐낼 때 광석 속에 있던 카드뮴(Cd)을 그대로 강에 흘려보내 생겨났어요. 카드뮴에 오염된 물을 사용하던 사람들은 몸의 뼈가 약해져 재채기만으로도 뼈가 부러질 정도였답니다.

납(Pb)도 독성이 강해서 인체에 해를 끼친 중금속 중 하나예요. 납은 부드러운 금속이라 가공하기 쉬웠기 때문에 기원전부터 그릇, 수도관 등 다양한 물건을 만드는 데 사용됐어요. 훗날 납이 인체에 쌓여 납 중독을 일으킨다는 사실이 밝혀지면서 사용에 주의를 기울이기 시작했어요.

여러 산업에 활용하는 중금속

앞에서 살펴본 수은, 카드뮴, 납과 같은 금속을 중금속이라고 해요. 중금속은 일반 금속에 비해 밀도, 원자량이 높거나 원자 번호가 큰 금속이에요. 중금속 중에는 인체에 매우 해로운 것들이 있는데, 이런 물질이 몸에 쌓이면 중금속 중독을 일으켜요. 놀라운 점은 몸속에 부족하면 질병이 생기는 중금속도 있다는 점이에요. 철은 혈액 속에 꼭 필요한 성분으로, 부족하면 빈혈에 걸려요. 구리나 아연이 들어 있는 음식도 잘 챙겨 먹어야 해요. 너무 많이 먹으면 중독증을 일으킬 수 있으므로, 항상 적당량을 먹기는 해야 하지만요.

중금속을 조심해~!

마법의 물질 플루오린

오래된 프라이팬을 사용하면 계란이나 고기가 눌어붙고는 해요. 플루오린이 그걸 막는 역할을 하는데, 지금부터 플루오린의 신기한 힘을 알아 봐요.

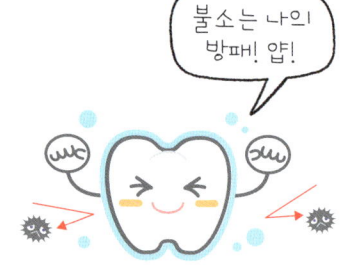

충치를 예방하는 플루오린

플루오린(Fluorine)은 불소라고도 불러요. 불소라는 이름을 들으면 혹시 불소 치약이 떠오르지 않나요? 불소 치약은 치약 속에 플루오린이 들어 있다는 뜻이에요. 플루오린은 충치를 막아 주는 역할을 해서 치약 속에 넣기도 해요. 치과에 가면 아예 불소 코팅을 해서 충치를 예방하기도 하지요.

위험할 정도로 강력한 플루오린화수소산

플루오린은 반응성이 매우 커서 항상 화합물의 상태로 발견돼요. 그중 플루오린화수소산(불산)은 유리를 녹일 정도로 강하지요. 사실 유리는 다른 물질과 반응을 거의 하지 않기 때문에 화학 물질을 보관하는 병으로 많이 사용해요. 그러나 2012년에 구미에서 플루오린화수소산이 누출되는 사고가 생겨 사람이 죽거나 다치고 공장 주변이 엉망이 되는 사건이 있었답니다.

프레온으로 냉장고를 시원하게

플루오린 화합물 중 하나인 프레온은 냉장고의 냉매로 사용되었어요. 냉매는 냉장고 내부의 열을 빼앗아 외부로 보내는 물질이에요. 냉매 덕분에 냉장고 내부가 시원함을 유지하는 것이지요. 하지만 프레온이 대기권의 오존층을 파괴한다는 사실이 알려지면서 지금은 사용하지 않고 있어요.

오염을 막는 테플론

플루오린이 다른 물질과 잘 반응한다는 것은 일단 한번 반응해서 화합물이 되면 분리하기 힘들다는 뜻이기도 해요. 그래서 플루오린과 탄소가 결합해서 만들어진 테플론은 매우 안정적인 물질이랍니다. 다른 어떤 물질과도 거의 반응을 하지 않거든요. 다른 물질을 거부하니 프라이팬에 사용하면 음식이 눌어붙지 않아요. 세계 최초로 눌어붙지 않는 프라이팬을 만든 회사 '테팔'의 이름은 테플론과 알루미늄을 합쳐 만든 거예요. 이 회사에서 처음으로 알루미늄 팬에 테플론을 입힌 프라이팬과 냄비를 만들었거든요.

테플론을 코팅한 옷감으로 만든 옷은 물이나 오염 물질을 튕겨 내서 등산복에 사용되기도 합니다. 테플론 코팅이 된 다리미를 사용해 옷을 다리면 옷감의 손상을 방지할 수 있어요.

꿀잠 자기 무서워! - 라돈 침대

침대에서 몸에 해로운 물질이 나왔다는 이야기를 들어 본 적 있나요? 침대에서 왜 나쁜 물질이 나왔을까요?

돌 속에서 나온 살인 물질

라돈(Radon)이라는 이름은 라듐(Ra)이 방사성 붕괴를 하는 과정에서 생긴다고 붙인 이름이에요. 라듐은 마리 퀴리(1867~1934년)가 발견한 원소예요. 퀴리는 라듐을 발견한 업적으로 노벨 화학상을 받았어요.

라듐이 포함된 광물은 방사선을 뿜어 냈기 때문에 밤만 되면 빛이 났어요. 당시에는 방사선의 위험성이 알려져 있지 않았어요. 퀴리는 환기가 잘되지 않는 연구실에서 특별한 보호 장치도 없이 방사성 물질을 연구했어요. 심지어 연구하던 물질을 가지고 다니기도 했지요. 지금이라면 상상도 할 수 없었지만 당시에는 방사선이 새롭게 발견되어 많은 사람의 관심을 끌던 시절이라 우리 몸에 얼마나 나쁜지 몰랐지요.

심지어 '라듐 걸스'라고 불리는 노동자들은 라듐을 먹기도 했어요. 당시에는 라듐의 빛나는 성질을 손목시계 눈금에 바르는 야광 물질로 사용하기도 했지요. 라듐 걸스는 라듐 눈금을 칠할 때 붓을 혓바닥으로 가다듬어서 칠했어요. 그러자 혀에 잔뜩 묻은 라듐이 몸으로 들어가 병에 걸렸지요. 이 사건으로 인해 퀴리가 라듐을 발견하고 거의 20년이 지난 후에야 라듐이 몸에 해롭다는 사실이 알려졌어요.

실생활 곳곳에 숨어 있는 해로운 화학 물질

2018년, 어느 침대 회사의 제품에서 라돈이 방출된다는 사실이 알려지면서 큰 문제가 된 적이 있어요. 라듐은 화강암 속에 있는 우라늄과 토륨이 붕괴하는 과정에서도 나와요. 그래서 우라늄과 토륨이 들어 있는 모나자이트라는 광물을 사용한 침대 매트리스에서 라돈이 검출되어서 문제가 된 것이지요.

라돈은 화강암에서도 새어 나오기 때문에 화강암으로 만든 건물에서도 발견돼요. 땅속에는 우라늄과 토륨이 조금씩 있어서 라돈이 조금씩 계속 나와요. 대부분은 문제가 되지 않지만, 종종 지하실은 라돈 가스가 몸에 해로울 정도로 쌓여 있는 경우도 있으니 주의해야 한답니다.

한눈에 쏙!

원소와 과학 기술, 그리고 환경

규소와 반도체
- 지각에서 산소 다음으로 풍부
- 쿼츠 시계, 석영 유리, 실리콘, 도자기 등에 쓰임
- 전자 제품이나 태양 전지에 꼭 필요한 반도체를 만드는데 필수적인 재료

리튬과 배터리
- 배터리에 들어가는 가장 핵심적인 물질
- 가볍고 전기 에너지를 많이 저장할 수 있어 자동차 배터리로 안성맞춤
- 주요 생산지 : 소금 사막, 소금 호수, 소금 광산

희토류 원소의 두 얼굴
- '지구에 매우 희귀한 원소'라는 뜻
- 스칸듐(Sc), 이트륨(Y), 그리고 주기율표 맨 아래 두 줄 중 첫 줄에 있는 란타넘(La)부터 루테튬(Lu)까지의 총 17개 원소
- 첨단 산업에 꼭 필요하나, 원소 분리 과정에서 환경 오염을 일으킴

중금속과 질병
- 수은, 카드뮴, 납과 같이 일반 금속에 비해 밀도, 원자량이 높거나 원자 번호가 큰 금속
- 몸에 쌓이면 중금속 중독을 일으킴 ⋯→ 수은 중독으로 미나마타병, 카드뮴 중독으로 이타이이타이병 발생

플루오린의 다양한 쓰임
- 충치를 예방하며 불소로도 불림
- 반응성이 매우 커서 항상 화합물 상태로 발견됨
- 화합물 중 하나인 프레온은 과거에 냉장고 냉매로 사용됨
- 탄소와 결합한 화합물 테플론으로 눌어붙지 않는 프라이팬 개발

라돈의 위험성
- 라돈 : 마리 퀴리가 발견한 원소 '라듐'이 방사성 붕괴를 하는 과정에서 생긴다고 붙인 이름
- 퀴리가 라듐을 발견하고 거의 20년이 지난 후에야 라듐이 몸에 해롭다는 사실이 알려짐

한 걸음 더!

방사선? 방사능? 방사성 물질?!

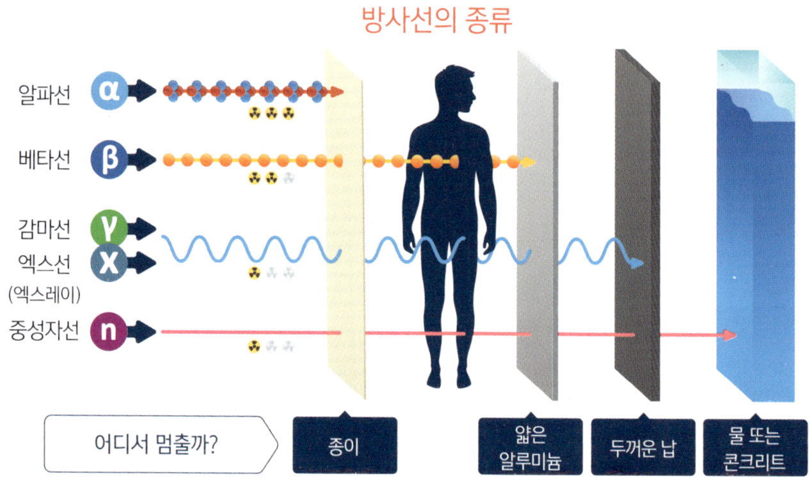

방사선의 종류

알파선	α
베타선	β
감마선	γ
엑스선 (엑스레이)	X
중성자선	n

어디서 멈출까? — 종이 / 얇은 알루미늄 / 두꺼운 납 / 물 또는 콘크리트

방사선이나 방사능, 방사성 물질은 같은 것 같지만 조금씩 달라요. 방사선은 방사성 물질에서 나오는 입자선 혹은 전자기파를 말해요. 입자선에는 알파선(α선)과 베타선(β선)과 중성자선이 있고, 전자기파에는 감마선(γ선)과 엑스선(X선)이 있어요.

방사선은 에너지를 가지고 있어요. 그래서 방사선을 쬐게 되면 방사선이 세포 내의 화학 결합을 끊어 버릴 수 있어요. 화학 결합이 끊어지면 세포가 죽거나 돌연변이를 일으키게 돼요. 돌연변이가 생긴 세포는 암세포가 되기도 해요.

방사선을 내보내는 능력을 '방사능'이라고 해요. '방사성 물질'은 방사선을 내뿜는 물질이에요. 주기율표에서 81번인 탈륨(Ti)보다 원자 번호가 큰 원소들은 모두 방사능이 있어요. 이런 방사성 원소가 붕괴될 때 방사선이 나오지요.

원자력 발전소에서 나온 방사성 폐기물이 문제가 된다는 이야기를 들었지요? 폐기물은 더 이상 쓸모가 없어서 버리는 물질이에

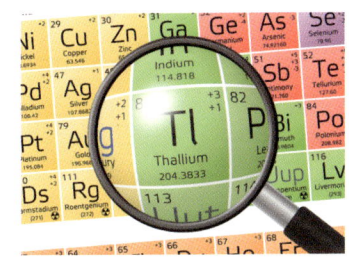

요. 그런데 이 물질에서 방사선이 나오니 아무 곳에나 함부로 버릴 수는 없어요. 그나마 방사선이 조금만 나오는 저준위 방사성 폐기물은 처리가 어렵지 않아요.

문제는 원자력 발전소에서 나오는 폐기물은 고준위 방사성 폐기물이라는 거예요. 고준위 방사성 폐기물은 방사선도 많이 나오고, 안전한 상태가 되는 데 오랜 시간이 걸려요. 그래서 방사성 폐기물은 콘크리트를 꽉 채운 드럼통에 넣은 후 지하 깊은 곳에 보관해야 해요. 하지만 어떤 사람들은 지진이 일어나면 지하에 있던 방사성 물질이 새어나올 거라며 지하 보관을 반대하기도 해요.

원자력 발전소에서부터 의료, 농업, 공장 등에서 방사성 물질을 많이 사용하기 때문에 방사성 폐기물을 안전하게 처리할 방법을 빨리 찾아야 한답니다.

1화 개념 – 원자의 탄생

1 다음을 읽고 누구에 대한 설명인지 골라 봐요.

> 화학의 아버지라 불리는 프랑스 화학자예요. 1767년에 4원소설이 잘못된 이론이라는 것을 밝혀냈어요. 물을 수소와 산소로 분해하여 물이 원소가 아니라는 것을 밝혔거든요. 물이 원소라면 다른 물질로 나누어지지 않았을 텐데, 수소와 산소로 분해되었으니 4원소설은 잘못된 것이지요.

① 아리스토텔레스 ② 라부아지에
③ 돌턴 ④ 데모크리토스

2 원소를 나타내는 방법에 대해 바르게 설명한 캐릭터를 골라 봐요.

① 연금술사들은 원 속에 기호나 문자를 썼어!

② 돌턴은 자신만 알 수 있는 비밀스러운 그림으로 나타냈지.

③ 베르셀리우스는 알파벳을 이용해 원소를 표시했어.

④ 원소 기호는 알파벳 소문자로 나타내.

3 다음 중 분자에 대한 설명으로 틀린 것을 골라 봐요.

① 물질의 특성을 지닌 가장 작은 단위예요.
② 원자가 결합해서 만들어져요.
③ 간단히 말하면 원자의 종류예요.
④ 물 한 방울에는 수많은 물 분자가 들어 있지요.

4 다음 괄호 안에 들어갈 단어로 바르게 짝지어진 것을 골라 봐요.

> 원자 안에는 음의 전기를 가진 (㉠)와 원자핵이 있어요. 원자핵은 (㉡)와 중성자로 구성되어 있지요.

① ㉠ 전자　㉡ 음성자
② ㉠ 전자　㉡ 양성자
③ ㉠ 음성자　㉡ 전자
④ ㉠ 음성자　㉡ 양성자

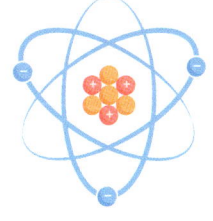

2화 화학 – 주기율표의 등장

1 다음 중 원자 번호에 대한 설명으로 옳은 것을 모두 골라 봐요.

① 원자가 가지고 있는 양성자 수와 같아요.
② 원자 번호와 전자의 수는 달라요.
③ 원자는 항상 양성자 수와 전자 수가 같아요.
④ 원자 번호가 8번인 산소의 양성자 수는 4개예요.

2 다음은 이온이 형성되는 과정을 나타내요. 빈칸에 알맞은 말을 적어 봐요.

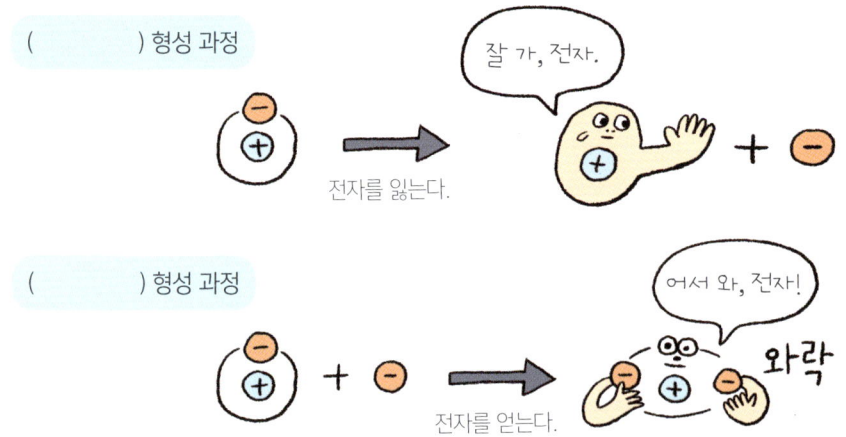

3 다음을 읽고 누구에 대한 설명인지 골라 봐요.

> 원소의 주기성을 찾아내 처음으로 주기율표를 만들었어요. 주기성이란 일정한 간격을 두고 같은 것이 반복하여 나타나는 성질이에요. 오늘날 '현대 주기율표의 아버지'라고 불려요.

① 뉴랜즈　　　　　　　② 멘델레예프
③ 모즐리　　　　　　　④ 헬리오스

4 아래 주기율표에서 3주기 원소이자 1족 원소인 원소를 찾아 동그라미 표시를 해 봐요.

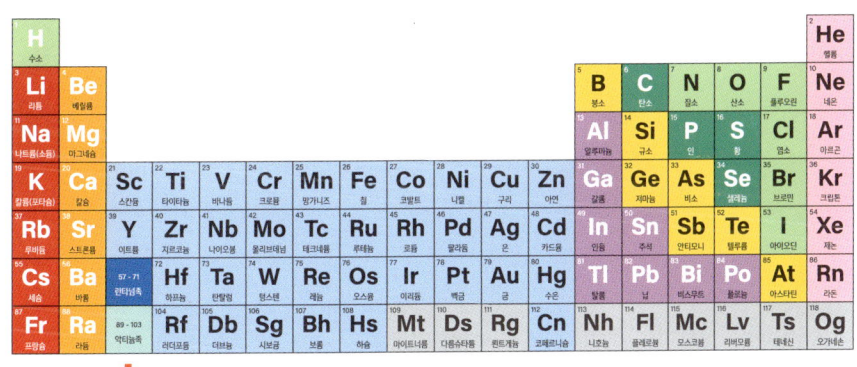

3화 인체 - 우리 몸과 관련 된 원소

1 원소와 원소에 관한 설명을 바르게 짝지어 봐요.

산소 ①　　　　　㉠ 우주가 탄생할 때 가장 먼저 만들어진 원소

수소 ②　　　　　㉡ 풍선과 비행선을 공중에 띄우는 데 사용하는 원소

질소 ③　　　　　㉢ 생물체를 구성하는 물질인 유기물의 뼈대가 되는 원소

칼슘 ④　　　　　㉣ 공기 중에 질소 다음으로 가장 많은 원소

탄소 ⑤　　　　　㉤ 뼈를 구성하는 데 꼭 필요한 원소

헬륨 ⑥　　　　　㉥ 단백질을 구성하는 중요 성분이 되는 원소

2 다음 중 산화에 대한 설명으로 틀린 것을 골라 봐요.

① 어떤 물질이 산소와 결합하는 것을 뜻해요.
② 철로 된 물건이 녹스는 이유예요.
③ 여러 생활용품을 깨끗하게 유지해 줘요.
④ 산화가 일어나지 않으면 우리는 살 수 없어요.

3 칼슘은 뼈를 구성하는 데 꼭 필요한 성분이에요. 칼슘이 많이 들어 있는 음식을 먹으면 뼈 건강에 도움이 되지요. 어떤 음식에 칼슘이 많은지 알아보고 아래에 적어 봐요. 서술형 문항 대비 ✓

우유, 치즈
_____
_____
_____

4화 역사 - 원소! 새로운 시대를 열다

1 다음을 읽고 무엇에 대한 설명인지 골라 봐요.

> 금속을 다루는 기술이 점점 발달하면서, 인류는 구리에 주석을 섞어서 더 단단하게 만드는 방법을 알아냈어요.

① 철　　　② 청동　　　③ 황동　　　④ 놋쇠

2 다음 중 철에 대한 설명으로 틀린 것을 골라 봐요.

① 대부분 합금 상태로 사용돼요.
② 지각에서 네 번째로 흔한 원소예요.
③ 대부분 녹슨 상태로 발견돼요.
④ 청동기 시대보다 철기 시대가 일찍 나타났어요.

3 다음 중 소금에 대한 설명으로 옳은 것을 모두 골라 봐요.

① 우리 몸속에서 수분의 양을 조절해요.
② 화학식으로는 NaCl로 표시해요.
③ 나트륨과 염소가 위험한 물질이기 때문에 두 물질이 결합한 소금도 위험한 물질이에요.
④ 소금은 염소의 성질을 갖고 있어요.

4 원자력 발전소를 이용하면 엄청난 에너지로 전기를 얻을 수 있어요. 하지만 원자력 발전소에서 사용하는 방사성 물질이 발전소 밖으로 빠져나오면 인류와 생태계에 피해를 줄 수 있어요. 원자력 발전소를 안전하게 이용하려면 어떻게 해야 할까요? 자유롭게 생각해서 써 봐요. 서술형 문항 대비 ✓

5화 환경 – 원소와 과학 기술, 그리고 환경

1 우리 생활에는 다양한 원소가 활용되고 있어요. 다음을 읽고 원소의 활용에 대해 누가 잘못 말하고 있는지 골라 봐요.

① 규소는 반도체의 재료로 쓰여.

② 리튬은 전기 자동차 배터리로 안성맞춤이야.

③ 희토류 원소는 첨단 산업에 꼭 필요한 물질이야.

④ 불소라고도 불리는 라듐은 충치를 막아 줘.

2 다음 중 희토류 원소에 대한 설명으로 옳은 것을 모두 골라 봐요.

① 지구에 아주 흔한 원소라는 뜻이에요.

② 란타넘족 원소는 희토류 원소에 속해요.

③ 희토류 원소를 분리하는 과정에서 환경 오염이 발생해요.

④ 세계 최대의 희토류 생산 국가는 일본이에요.

3 다음 중 중금속에 대한 설명으로 틀린 것을 골라 봐요.

① 일반 금속에 비해 밀도, 원자량이 높거나 원자 번호가 큰 금속이에요.
② 미나마타병은 수은 중독으로 생기는 병이에요.
③ 이타이이타이병은 카드뮴 중독으로 생기는 병이에요.
④ 납은 독성이 약해 인체에 해를 끼치지 않아요.

4 다음을 읽고 괄호 안에 들어갈 알맞은 단어를 보기에서 골라 적어 봐요.

> 테플론으로 코팅하면 음식이 눌어붙지 않는 프라이팬과 냄비를 만들 수 있어요. 테플론은 (   )과/와 탄소가 결합해서 만들어진 화합물이에요.

보기

스칸듐   이트륨   란타넘   루테튬   플루오린

_____

정답 및 해설

1화

1. ②
··· 물을 수소와 산소로 분해하여 물이 원소가 아니라는 것을 밝혀낸 사람은 라부아지에예요. (☞17쪽)

2. ③
··· 연금술사들은 자신들만 알 수 있는 비밀스러운 그림으로 원소를 나타냈어요. 돌턴은 원 속에 기호나 문자를 쓰는 새로운 방법으로 원소를 표시했어요. 원소 기호는 알파벳 대문자로 나타내요. (☞18쪽)

3. ③
··· 간단히 말하면 원소는 원자의 종류예요. (☞21쪽)

4. ②
··· 원자 안에서 음의 전기를 가진 것은 전자예요. 원자핵은 양성자와 중성자로 구성되어 있지요. (☞23쪽)

2화

1. ①, ③
··· 원자 번호는 전자의 수와도 같아요. 원자 번호가 8번인 산소의 양성자 수는 8개이지요. (☞34~35쪽)

2. 양이온, 음이온
··· 원자가 전자를 잃어서 음(-)의 전기를 가진 전자가 적어지면 양이온이 돼요. 반대로 전자를 얻어서 전자가 많아지면 음이온이 되지요. (☞35쪽)

3. ②
··· 원소의 주기성을 찾아내 처음으로 주기율표를 만든 사람은 멘델레예프예요. (☞37쪽)

4. 나트륨(Na)

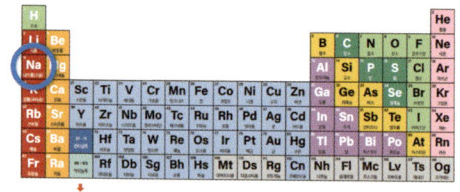

··· (☞38~39쪽)

3화

1. ①-ㄹ, ②-ㄱ, ③-ㅂ, ④-ㅁ, ⑤-ㄷ, ⑥-ㄴ
··· 산소는 공기 중 질소 다음으로 많은 원소, 수소는 우주가 탄생할 때 가장 먼저 만들어진 원소예요. 질소는 단백질을 구성하는 중요한 성분이 되는 원소이고, 칼슘은 뼈를 구성하는 데 꼭 필요한 원소이며, 탄소는 유기물의 뼈대가 되는 원소예요. 헬륨은 풍선과 비행선을 공중에 띄우는 데 사용되지요.
(☞50~59쪽)

2. ③
⋯▶ 산화가 되면 여러 생활용품이 낡게 돼요. (☞ 56쪽)
3. 자유롭게 조사하여 적어 봐요.
⋯▶ (☞ 58쪽)

4화

1. ②
⋯▶ 청동은 구리에 주석을 섞어서 더 단단하게 만든 것이에요. (☞ 70~71쪽)
2. ④
⋯▶ 철로 도구를 만들려면 청동을 다룰 때보다 더 높은 온도로 가열해야 해요. 그래서 철기 시대가 청동기 시대보다 늦게 나타났어요. (☞ 72~73쪽)
3. ①, ②
⋯▶ 나트륨과 염소가 화학 결합으로 소금이 되면, 소금은 전혀 다른 성질로 변해요. 나트륨과 염소는 각각 따로 존재할 때 위험한 물질이지만, 소금은 안전하답니다. (☞ 76~77쪽)
4. 자유롭게 생각해 봐요.
⋯▶ (☞ 80~81쪽, 84~85쪽, 106~107쪽)

5화

1. ④

⋯▶ 플루오린은 불소라고도 불리는데, 충치를 예방해 줘요. (☞ 92~97쪽, 100~103쪽)
2. ②, ③
⋯▶ 희토류 원소를 쉽게 설명하면 '지구에 매우 희귀한 원소'라는 뜻이에요. 세계 최대의 희토류 생산 국가는 중국이에요. (☞ 96~97쪽)
3. ④
⋯▶ 납도 독성이 강해서 인체에 해를 끼치는 중금속 중 하나예요. (☞ 98~99쪽)
4. 플루오린
⋯▶ 테플론은 플루오린과 탄소가 결합해서 만들어진 화합물이에요. (☞ 101쪽)

찾아보기

ㄱ
구리 ·············· 70~71
금 ················ 74~75

ㄴ
납 ················ 99

ㅂ
반응성 ············· 53
방사선 ············· 106
방사성 물질 ········ 81, 84, 106~107
분자 ·············· 21

ㅅ
산소 ·············· 56~57
수소 ·············· 50~51
수은 ·············· 98

ㅇ
아연 ·············· 99
아토모스 ··········· 22
아톰 ·············· 22~23
양성자 ············· 23, 34~35
우라늄 ············· 80~81
원소 ·············· 16, 20~21
원소 기호 ··········· 19
원자 ·············· 21
원자량 ············· 37

원자력 ············· 80~81
원자력 발전소 ······· 81, 84~85, 107
원자핵 ············· 23
은 ················ 74~75

ㅈ
전자 ·············· 23, 35
주기율표 ··········· 38~39
중성자 ············· 23

ㅊ
철 ················ 72~73

ㅌ
탄소 ·············· 54~55

ㅎ
헬륨 ·············· 50, 52~53
화합물 ············· 17, 21, 62~63
황 ················ 78~79
흑연 ·············· 55, 63